하느님과 별

CHRISTOPH GERHARD OSB
UND SIE BEWEGT SICH DOCH!
Astronomie und Glaube

Translated by KIM Hyejin

하느님과 별
천문학과 신앙, 그 흥미로운 이야기

2020년 4월 3일 교회 인가
2020년 4월 23일 초판 1쇄

지은이 크리스토프 게르하르트
옮긴이 김혜진
펴낸이 박현동
펴낸곳 성 베네딕도회 왜관수도원 © 분도출판사
찍은곳 분도인쇄소

등록 1962년 5월 7일 라15호
주소 04606 서울시 중구 장충단로 188 분도빌딩(분도출판사 편집부)
39889 경북 칠곡군 왜관읍 관문로 61(분도인쇄소)
전화 02-2266-3605(분도출판사) · 054-970-2400(분도인쇄소)
팩스 02-2271-3605(분도출판사) · 054-971-0179(분도인쇄소)
홈페이지 www.bundobook.co.kr

ISBN 978-89-419-2005-2 03230

하느님과 별

천문학과 신앙, 그 흥미로운 이야기

크리스토프 게르하르트
Christoph Gerhard OSB
김혜진 옮김

✦

분도출판사

차례

✳ 저자의 말 ✳

처음부터 매료되었다

내가 처음으로 관측한 천체는 1973년에서 74년으로 해가 바뀌던 날 코후테크 혜성이었다. 이날의 관측은 어린 나에게 실망을 안겨 주었다. 다른 사람들도 마찬가지였다. 해 질 녘에 거의 아무것도 보이지 않았고, 신문에서 예측했던 것처럼 혜성은 그리 밝지 않았다. 그런데 이상하게도 이 경험은 끝이 아니라 천체에 대한 나의 관심의 시작이었다. 나는 별들에 대해 알고 싶어졌다.

얼마 후 밤에 삼촌과 차를 타고 가는데 차가 거의 다니지 않는 샛길로 들어섰다. 그 길에는 별이 총총한 하늘이 펼쳐졌다. 구불구불한 길을 달리는 동안 새롭고, 서로 다르게 빛나는 별들이 눈앞에 펼쳐졌고, 나의 호기심은 그칠 줄 몰랐다. 집에 돌아오자 삼촌은 『우주의 한 해』 *Kosmos Himmelsjahr* 작년 호를 주면서 매달의 별자리를 가르쳐 주었다. 그렇게 나는 시간이 흐르면서 별자리가 어떻게 바뀌는지 알게 되었다. 작은 망원경을 통해 천체를 관측하는 것이 호기심을 채워 주지 못하자, 여름내 아르바이트를 해서 망원경을 샀다. 밤새도록 별을 보았고, 별자리가 찾기 힘들수록 호기심은 더욱 커졌다. 볼 수 없다는 한계가 나를 더욱 자극했고 나는 그 한계를 계속해서 넘고 싶었다. 우주의 무한을 좇는 것에 나는 완전히 사로잡혔다. 곧 나는 우주의 광대함에 대해 잘 알게 되었다. 전혀 두렵지 않았고 오히려 그 아름다움에 빠져들었다.

좀 더 나아가 나는 관찰하는 데 그치지 않고, 그동안 배운 대수학과 기하학으로 하늘에서 일어나는 일들을 계산했다. 행성과 혜성 그리고 소행성을 예측하기 위해 내가 개발한 컴퓨터 프로그램으로 밤하늘에서 일어나는 일들을 이해했다. 별이 빛나는 밤하늘에서 느낀 것은 아름다움만이 아니었다. 나는 우주의 질서에 경탄했고, 작은 인간인 내가 우주를 아주 조금이라도 이해하고 계산할 수 있다는 사실이 놀라웠다. 물리법칙으로 우주의 기원을 규명할 수 있으며, 인간인 내가 그 법칙을 점점 더 많이 해독하고 이해해 나갈 수 있다는 것은 내게 분명했다.

동시에 나는 가톨릭 집안에서 나고 자랐다. 부모님은 그분들의 삶으로 신앙의 모범을 보여 주셨다. 우리는 신앙에 대해 거의 말하지 않았다. 신앙은 삶이었다. 나중에 나는 성경에서 읽은 것과 하늘에서 관찰한 것에 대해 이야기할 상대를 찾았다. 성경의 창조 이야기를 깊이 이해하는 문들이 거기서 열렸다. 창조 이야기는 자연과학 논문처럼 문자 그대로 읽는 것이 아니라 세상의 구성 요소, 그 요소들의 기원, 하느님과 인간존재에 대해 말하고자 한다는 것이다. 나는 말 그대로 성령의 이끄심에 깊은 영감을 받았다. 내게 성령은 존재에 창의적이고 창조적인 힘을 불어넣고 존재 안에 머무르는 역동적인 힘이다.

자연과학에서 알았던 것과는 다른 차원에서 밤하늘과 인간존재에 관한 물음에 대한 답을 얻었다. 서로 극명하게 다르고 때로는 결코 좁힐 수 없는 양극에 있는 것 같은 두 차원이 점차 만났다. 서로 다른 실재들이 밤하늘 아래에서 조화를 이루었다. 그 광경은 내게 늘 놀라운 체험이었다. 이 경험들이 우리 일상에서 엄격하게 분리되어 있는 영적 영역과 세속 영역을 연결해 주었다. 공간과 시간은 부차적인 역할을 할 뿐이다. 실재에 대한 다양한 접근 방법이 더욱 풍성한 결과를 낳고, 자연과학이나 신앙 하나에만 의존하는 것보다 전체적으로 현실을 더 잘, 더 깊이 이해하게 한다. 무엇보다도 나의 하느님상像이 변했다. 하느님은 훨씬 크고, 훨씬 포용적이면서도 아주 작은 것에도 존재하신다. 그리고 그분의 창조 능력을 통해 그분의 모든 피조물 곳곳에 새로운 가능성을 열어 주신다.

수도원에 입회하고 나서 처음에는 천문학과 수도자가 어울리지 않는다고 생각했다. 그런데 수련장 마인라트 두프너 신부님은 내게 달리 말씀하셨다. 천문학과 관련하여 수도원에 풍부한 전통이 있다는 것이다. 많은 수도원에 (오래된) 천문대가 있다. 또한 두프너 신부님은, 아름다움과 우주 질서에 열광하면서 우주의 조화로움을 거듭해서 발견하는 나의 내적 여정에 관심을 보여 주셨다.

하느님을 찾는 베네딕도회 수도자로서의 나의 길은 천문학을 일상에서 실용적으로 구현하는 것이다. 나에게

'신앙과 과학'은 '기도하고 일하라'(ora et labora)라는 베네딕도회의 모토에 상응한다. 여기에 '연구와 묵상'이 더해진다. 베네딕도 성인이 말했다. "수도자의 일상에서 독서와 묵상이 빠져서는 안 된다!" 나에게 천문학은 하느님의 피조물인 자연이라는 책을 읽는 것이다. 이 책은 때로는 흥미진진하고, 질문으로 가득 차고, 때로는 경탄으로 가득 차 있다. 하느님의 신비에 대해 살짝 귀띔도 해 준다. 그리고 별이 총총한 밤하늘은 일상에 지칠 때나 나 자신의 문제와 씨름할 때 좋은 치료제가 되어 준다.

별들의 아름다움을 담고 싶어서 밤하늘을 촬영했다. 처음에는 일반 필름 카메라로 찍었는데, 디지털 촬영 기술은 상상할 수 없던 것들을 가능하게 했다. 삼십 년 전만 해도 큰 망원경과 천문대에서만 관찰할 수 있었던 저 멀리 있는 별과 그 아름다움을 이제 뮌스터슈바르작 수도원 어디에서든 개인 망원경으로 볼 수 있다. 컴퓨터와 천체 카메라 또한 나의 깊은 열정을 방해하는 걸림돌이 되지 않는다. 두말할 것도 없이, 이것들은 내가 촬영한 사진을 자연과학적으로 분석하는 기술 장비가 된다. 그뿐 아니라 우주에 대해 묵상할 때도 도움을 준다. 촬영의 정확도와 세밀함을 향상시키고자 하는 목표는 나의 영적 여정에 전혀 반하지 않는다. 오히려 이로 인해 창조에 대한 경이로움이 더욱 커진다. 때문에 이 여정에 몰두하는 데 도움이 된다. 다른 한편으로, 나의 영적 체험은 모든 과학의 시작인 존재의 깊은 근원에 대한 물음과 그 근원 안에서 존재의 완성을 찾는 길을 가르쳐 준다.

2016년 성탄, 뮌스터슈바르작 수도원에서

크리스토프 게르하르트

✳ 서문 ✳

두 눈으로 더 잘 볼 수 있다

별을 관찰하는 것은 인류 역사와 문화사와 함께한다. 고등 문화가 발생한 곳에서는 항상 천체 관측이 문화의 필수 요소였다는 것을 보여 주는 기록도 있다. 이에 대한 근거를 하나 들자면, 시간을 년, 월, 일로 나누고 확립한 것이다. 이는 태양, 달, 별들을 이용하여 가능했다. 천문학은 인류 최초의 과학이라고 할 수 있으며 수천 년 전부터 있었다.

하늘을 관찰하여 결정되는 것이 시간만은 아니었다. 사람들은 땅에서 방향을 설정하는 데도 별의 도움을 받았다. 따라서 외부의 위치를 정함으로써 내적 방향을 설정한다는 것은 합리적이었다. 그래서 인간의 영적 지평과 관련해서 '언제, 어디에서, 어디로'와 같은 질문도 제기되었다.

'신적인 것'에 대한 믿음은 인간 역사에서 아주 오래 전에 싹텄다. 역사적 발견과 고고학의 연구 결과가 이를 보여 주고 있다. 인류의 탄생과 종교는 서로 긴밀한 관계에 있다. 근대적 의미에서 인간을 규정할 수 있다면 그는 믿는 사람일 것이다.

그러므로 신앙과 천문학이 아주 오래전부터 가까웠고 오랫동안 서로 깊이 연관되어 있다는 것은 놀라운 일이 아니다. 자연과학적 천문학과 신앙이 수백 년 전에 서로 다른 길로 갈라지긴 했지만, 과학적으로 엄격하게 연구하는 천문학자도 연구가 끝난 후 그 연구 결과가 인간으로서 그에게 무엇을 의미하는지 물어야 한다.

자연과학, 특히 우주론과 그와 관련된 천문학이 신앙을 반박하는 것을 우리는 끊임없이 보았다. 그 반대도 마찬가지다. 천문학자들의 추론 혹은 실제 연구 결과가 신학자들에 의해 거부당한다. 경전, 특히 성경에 일치하지 않기 때문이다. 다른 한편으로는 자연과학의 연구 결과가 경전이나 신앙을 어떤 식으로든 '증명'하는 데 사용된다. 그러나 자연과학은 하느님에 대한 신앙을 증명하거나 반박하는 데 적합하지 않다. 과학과 신앙의 방법과 영역은 전적으로 각자의 일이다.

우리를 둘러싸고 있는 현실에 대한 다양한 접근법, 예컨대 자연과학이나 신앙에 따른 접근법 등이 자주 너무 편파적으로 적용되고 때로는 서로 대결을 펼친다. 실재에 대한 이러한 시각은 일면적이다. 그러므로 당연히 불완전하다. 간단한 이미지로 설명해 보자. 공간시(Spatial vision: 공간, 즉 3차원성 혹은 깊이에 대한 시각적 과정)는 인간에게 두 눈을 통해서만 이루어진다. 우리가 단안경을 쓰고 두 눈의 시각 영역 중 하나를 통해서만 실재를 인식하려고 한다면 제대로 인식할 수 없다.

이 책에서 나는 실재를 인식하는 두 가지 방식, 즉 자연과학적 방식과 종교적 방식 둘 다를 받아들일 것이다. 이러한 방식이 현실을 더욱 깊이 이해하게 한다. 이 방식이 자연과학자들과 신자들 모두에게 이롭다는 것을 알게 되면 깜짝 놀랄 것이다. 이 방식이 우주에서의 인간의 위치와 사명을 더 잘 인식하게 하기 때문이다. 우리 인간이 실재 자체를 온전히 인식할 수 없거나 인식하기를 원하지 않을 때, 실재의 깊은 차원을 놓쳐 버린다. 시야가 좁아지고 다른 것을 배제해 버린다. 그러다 보면 결국 다른 것들은 절대로 인정할 수 없고 그러므로 다른 것들을 다 없애야 한다는 근본주의에 이른다.

안타깝게도 자연과학과 신앙의 영역에서도 이런 근본주의가 보인다. 그러므로 우리가 세상의 참진리를 대면할 용기를 내는 것이 중요하다. 그렇게 한다면 우리 삶은 더욱 깊어지고, 더욱 넓어지고, 더욱 다채로워질 것이다.

1

천문학의 시작

인간이 의식적으로 별을 보고, 그들 머리 위 하늘에서 밤마다 무슨 일이 벌어지고 있는지 생각하기 시작했을 때, 이렇게 하늘을 관찰하는 것은 늘 하느님과의 관계와 관련이 있었다. 하늘은 하느님이 계신 곳으로 여겨졌다. 인간은 땅에 살면서 여기에 작용하고 있는 수많은 힘을 경험했다. 원인 없이 일어나는 일은 없다. 땅 위에 살아 있는 것들은 움직인다. 이는 인간이 손으로 만질 수 없는 자연현상에도 적용된다. 비, 구름, 바람, 태양, 달, 별, 행성 같은 것들이다. 별이 빛나는 밤하늘이 경외와 인간이 직접 경험할 수 없는 어떤 신성함과 연결되는 것은 당연한 일일 것이다.

오늘날까지 인간존재의 기원에 대한 질문은 천문학에서 중요한 문제다. 또한 오로지 과학적 결과에 의존한다고 하더라도, 내가 앞으로 제시하고자 하는 것처럼 그 질문에는 종교적 의미도 부여된다.

첫 천문학자

석기시대의 유물들은 인간이 비약적으로 발전했음을 보여 준다. 특정 형태의 무덤에서 발굴된 가장 오래된 유물들은 십만 년 이전에 만들어진 것으로 추정된다. 그 유물들은 인간의 첫 형이상학적 관계를 보여 주는데, 이는 오늘날에는 확인할 수 없는 일종의 종교를 나타낸다. 일부 무덤들은 동서 방향으로 배치되어 있다. 이는 분명 우연의 일치가 아니다. 이는 당시 사람들이 방향을 정확히 알고 있었으며 이 방향을 문화적 · 종교적으로 해석했음을 보여 준다.

프랑스의 라스코 동굴 벽화(기원전 15,000년경)나 스페인 알타미라의 멋진 동굴 벽화(기원전 13,000년경)는 구석기

시대의 천재성을 증명한다. 사람들은 석기시대의 도안이나 그림에서 천문학적인 표현을 찾으려고 계속 노력하고 있다. 그렇지만 정확한 배경을 알 수 없어 찾기 어렵고 불확실하다. 그러한 그림들에서 가장 정확하게 해석할 수 있는 것은 오늘날 우리도 알 수 있는 것들로, 당시 사람들에게 중요했던 사냥 장면과 동물을 표현했다는 것이다.

그런데 신석기시대에 최초의 천문학적 증거가 분명하게 발견된다. 작센주에 있는 고섹 서클Goseck circle(기원전 5,000년경)이 바로 가장 오래된 증거 중 하나다. 몇 년 전에 나는 복원된 이 역사적 구조물을 직접 보았다. 그 구조물은 지금도 여전히 인상적이다. 나무 기둥으로 만들어진 동심원 두 개로 이루어져 있는데 지름이 50미터가 넘는다. 이 구조물은 해자垓子로 둘러싸인 흙으로 된 평평한 언덕 위에 있다. 이 동심원에는 입구가 세 개 있다. 원 중심에서 남동쪽과 남서쪽 입구가 한눈에 들어오는 곳을 향해 서면 지평선상에서 하지점과 동지점을 관찰할 수 있다. 일 년 중 중요한 날, 예를 들어 기상학적으로 봄과 여름의 시작 같은 중요한 데이터를 알려 주는 선도 그어져 있다. 고섹 서클 안에서 밤에 항성恒星이 뜨고 지는 것도 쉽게 관찰할 수 있었다. 따라서 일 년 중 중요한 날들을 더 많이 결정할 수 있었다.

이 원 안에는 어떤 건축물의 흔적도 없다. 비어 있다. 이 구조물 안팎에서 뼈가 발견된 것으로 보아 전례적 · 종교적으로 사용된 것으로 추정할 수 있다. 이곳에서 약 1킬로미터 떨어진 곳에서 신석기시대 거주지의 흔적이 발견되었다. 이는 신전이 있던 곳이 그렇듯이, 이 천문대가 따로 분리된 구역으로 여겨졌음을 말해 준다.

그러나 고섹 관측 시설은 많은 이들이 말하는 것처럼 세계에서 가장 오래된 태양 관측소는 아니다. 태양, 달, 별의 운행을 장기간 관찰할 때는 물론 이러한 시설이 필요하다. 인간은 태양, 달, 별의 한 해 운행을 훨씬 더 일찍 결정할 수 있었음이 분명하다. 계절의 변화가 하늘의 태양 운행과 연결되어 있다는 것이 너무도 분명했기 때문에 태양, 달, 별과 계절 변화를 연관 짓는 것은 당연했다.

세계 곳곳에서 발견되는 그러한 원형 구조물이 신석기시대에 만들어졌다는 것이 눈에 띈다. 당시 사람들은 비슷한 문제를 고심하고 있었던 것 같다. 비슷한 시기에 이집트의 나브타 플라야에 돌로 만든 원형 구조물이 세워졌다. 이 또한 큰 돌로 하지점과 동지점을 정하는 천체 관측을 위한 구조물로 여겨진다. 이 구조물은 분명 나일강 일대에서 나타난 최초의 고등 문화에 대한 증거다. 그 시설이 사막에 놓여 있지만, 건축 당시에는 기후 변화로 인해 계절에 따라 물이 공급되었을 것이다. 마찬가지로, 미국에도 천체 관측을 목적으로 하는 원형 구조물이 있다. 그러나 이 구조물들은 한참 후에 세워졌다. 이것들도 별과 행성을 관찰하는 데 사용되었을 가능성이 매우 높다.

석기시대의 이러한 대형 원형 구조물은 천문학적 기능 외에도 인간의 또 다른 본성을 드러낸다. 대표할 만한 거대한 건축물을 건설하려는 것이다. 이 건축물은 건설한 사람의 권력과 능력을 증명해야 했다. 따라서 그러한 거대 건축물이 세워진 데는 천문학적이고 종교적인 이유만이 아니라 사회적이고 문화적인 이유도 있다. 이렇게 천문학은 인간 생활의 중심에 서게 되며, 단순히 문화적 발전에 따른 부산물이 아니었다. 천문학자들은 사회에서 인기가 많았다. 그들은 문화와 종교 그리고 한 해의 인간 생활을 설계하는 데 중요한 역할을 했다.

고섹 인근에서 발견된 '네브라 하늘 원반'(Nebra Sky

Disc)은 고색 서클보다 한참 후에 만들어졌다. 이 두 개의 뛰어난 천문학적 증거 사이에 직접적인 연관성은 없다. 시간적으로 차이가 너무 많이 난다. 네브라 하늘 원반은 기원전 1,600년경에 제작된 것으로 추정된다.

지름 30센티미터에 무게 2킬로그램 정도 되는 청동 원반에 금판으로 천체 상징물이 박혀 있다. 천체 현상을 묘사한 것으로는 가장 오래된 것이다. 이 원반에서는 태양과 달 그리고 황소자리에 있는 일곱 별인 플레이아데스 성단을 볼 수 있다. 여기에 묘사된 나머지 별들은 서로 묶을 수 없고 산발적으로 흩어져 있다. 이른바 '태양의 돛단배'와 기준 좌표가 될 수 있는 지평선 아치(Horizontbögen: 원반 양쪽에 있는 하지부터 동지까지 일몰점과 일출점을 이은 원호를 가리킨다)가 있다. 그러나 네브라 하늘 원반은 사용되면서 그 용도가 바뀌었음이 분명하다. 이 원반은 수세기에 걸쳐 세 번 수정되었고 새로운 상징이 추가되었다.

여러 번 수정된 이 원반은 천체 달력이라고 분명하게 해석할 수 있다. 초승달과 플레이아데스를 표현한 것은 음력과 양력을 윤년과 동시에 맞추어야 가능하다. 나중에 추가된 원반 양쪽의 지평선 아치 끝에서 원 중심으로 선을 그으면 각도가 82도다. 이는 중부 독일의 동지점과 하지점 사이의 각도를 보여 준다. 윤년과 봄의 시작과 같은 일 년 중 중요한 날을 정하기 위해서였다. 지평선 아치가 있는 이 원반은 위도 52도에서만 정확하게 적용할 수 있다. 태양 끝이 솟아오를 때가 기준이 된다. 지평선 위로 떠오르고 아래로 내려갈 때 태양을 관찰하기가 가장 쉽다.

원반에는 배도 표현되어 있다. 이것은 두 번째 수정 때 추가되었다. 이 배가 당시의 이집트에서 널리 묘사된 '태양의 돛단배'라는 데 대부분 의견이 일치한다. 고대 이집트인들은 저녁에 내려간 태양이 밤 동안 배를 타고 동쪽으로 가 아침에 다시 나타난다고 상상했다. 이는 이 원반 자체가 문화적 · 종교적으로 직접적인 관계가 있음을 보여 준다.

시간이 지나면서 원반 가장자리에 구멍이 생겼다. 지평선 아치에도 구멍이 뚫렸다. 가장자리를 끈으로 묶어 수평으로 들어 올려 원반을 전시하기 위해서였을 것이다. 그러면서 원반은 실제적인 천문학적 용도를 잃어버리고 상징적인 목적에 사용되었다. 당시 천체 운동과 관련하여 필수적인 지식을 아는 사람은 극소수였기 때문이다.

그러나 이러한 해석은 모두 어느 정도 주의하면서 받아들여야 한다. 네브라 하늘 원반에 대한 어떤 기록도 남아 있지 않고, 따라서 '사용법'이나 만들어진 시기나 용도에 대한 설명도 없다.

사용된 재료의 분석을 통해 그나마 원반의 역사를 재구성할 수는 있다. 원반은 5세기 동안 사용되었으며 그동안 거듭해서 수정되었다. 최후에는 청동검과 도끼 두 자루 같은 다른 물건들과 함께 네브라 인근 산에 묻혔다. 그 당시에는 왕족이나 '권위 있는' 사람들만이 그렇게 특별한 방식으로 매장되었다. 어떤 물건이 특별한 부장품과 함께 묻혀 있다는 것은 그 물건이 중요하고 종교적인 의미를 담고 있다는 증거다. 여기서 볼 수 있듯이 천문학과 종교가 초기에 같이 발전했음이 분명하다.

원반의 상징들은 당시의 문화 간 이동과 교환을 보여준다. 원반의 금은 유럽의 다른 지역에서 나온 것이다. '태양의 돛단배'라는 상징은 이집트까지 이르는 중동과의 관계를 나타낸다. 신석기시대에 여행하는 것은 오래 걸리고 힘든 일이었지만, 그때에도 세상의 가장 먼 곳에 도달하고자 하는 인간을 막지는 못했다.

고대 이집트에서 이정표였던 별

천문 지식과 종교 형태가 결합된 예는 고대 이집트에서 나타난다. 그러나 메소포타미아 같은 다른 고등 문화에서도 이러한 예를 볼 수 있다. 아시아, 아메리카, 중동에서도 마찬가지다. 천문학은 달력을 정하는 것 외에도 종교와 관련된 의미를 지녔다. 주요 문명 간의 교류는 각 대륙 내에서 일어났을 확률이 높다. 나는 대서양을 가로질러 고대 문화들이 서로 결합했을 가능성은 매우 낮다고 본다.

천문학이 어떤 신앙의 개념과 연결되었다는 사실은 기원전 4세기 이집트에서 처음으로 구체적으로 나타난다. 피라미드와 무덤들 그리고 여러 건축물의 기하학적 방향 설정은 별을 기준으로 정해졌다. 별을 이용하여 정하는 것이 매우 실용적이기도 했지만, 이는 종교적 신념에서 비롯된 것이기도 했다. 고대 이집트 시대의 종교와 천문학의 관련성은 암시적으로 표현되어 있을 뿐이다. 몇 가지 중요한 힌트만 제시된다.

이미 이집트 고왕국(기원전 3,000년)에서는 천문학을 종교적으로 이해했다. 당시 이집트 사람들에게는 특별한 종류의 별이 있었다. 바로 '지지 않는 별'이다. 오늘날 이 별들은 하늘의 극 주위를 돌면서 지평선 위에 머물러 있기에 주극성이라 불린다. 이 주극성은 이집트인들에게 불멸의 상징이었다. 이 별들은 땅 아래로, 지평선 너머로 내려가지 않으므로 보이지 않을 때가 없기 때문이다. 이 별들은 태양이 훤히 비추는 낮에도 하늘에서 늘 관찰된다. 그래서 이 별들은 신들의 별이었다.

당시 주극성 가운데 메스케티우Meschetiu(또는 Mese-chtiu)라는 중요한 별자리가 있었다. 이는 황소의 뒷다리 모양을 하고 있다고 하여 '넓적다리 별'이라 불렸다. 이 별자리에 대한 가장 오래된 기록은 사천 년 전이다. 오늘날 우리가 이집트의 별자리 메스케티우에서 현대의 큰곰자리 또는 북두칠성을 알아보는 것은 크게 어렵지 않다.

메스케티우 별자리는 고대 이집트의 비문과 그림에서 자주 등장하는 것으로 보아 분명 특별한 의미를 지녔을 것이다. 이 별자리는 가장 오래된 종교적 문학작품과도 관련이 있다. 파라오 우나스의 피라미드 안에 있는 비문에 이런 말이 나온다. "하늘은 맑고, 소티스는 살아 있다. 에네아드가 지지 않는 메스케티우를 위해 몸을 깨끗이 했으니 소티스의 아들 우나스가 살아 있기 때문이다."[1] '소티스'는 사망한 파라오들이 하늘로 올라갈 수 있도록 돕는 수호신이다. 소티스는 하늘에서 가장 밝은 별의 이름이기도 하다. 오늘날 우리는 이를 '시리우스'라고 부른다. 소티스는 한 해를 예상하는 데 중요한 역할을 했다. 특히 나일강의 연홍수를 예상하는 데 중요했다. 아침 하늘에 시리우스가 나타나면 나일강의 홍수가 시작된다. '에네아드'는 고대 이집트 종교에 나오는 아홉 신의 집단이다. 고대 이집트에는 도시마다, 왕조마다 서로 다른 그들만의 여신과 남신 집단이 있었다.

페피 1세의 피라미드 안 비문에는 이렇게 적혀 있다. "당신은 지지 않는 북쪽 신들에게 속할지도 모른다."[2] 이 말은 고인에게 일종의 축복 기도와 같다. 여기에는 낮에도 밤에도 지평선 아래로 내려가지 않는 북쪽의 주극성이 신들과 연결되어 있다는 의식이 깔려 있다. 이 비문은 고인이 신들처럼 불멸하기를 기원한다. 이를 보면, 별들이 하늘에 있는 신들의 현시로 여겨졌다는 것이 명백해진다. 죽은 이들은 신들에게 올라가 살아야 하고, 따라서 사후에 이 신들과 함께 계속 살아 있다. 죽은 이를 미라로 만든 배경이 여기에 있다. 이집트에서는 사후의 삶을 위해 미라를 완벽하게 발전시켰다. 사망한 파라오는 지평선 아래로 내려가지 않는 북쪽 별 곁에서 영원한 삶을 누렸다.

이집트인들의 종교는 시대와 지역에 따라 계속 변하는 많은 신들에 의해 결정되었다. 악마와 신의 사절들을 통해 신들은 땅과 인간에게 영향을 미쳤다. 태양과 달 그리고 별은 각각 신들을 대리해 나타나는 것이고, 인간 세계에 대한 신들의 영향력을 암시했다. 반면에 행성의 역할은 이집트에서 크지 않았다.

신들이 서로 싸웠기 때문에 그들의 대리자들도 서로 싸웠다. 앞에서 말한 황소를 상징하는 메스케티우는 아무런 해도 끼치지 않도록 여신 이시스의 감시를 받아야 했다. 또한 모든 신에게는 자신만의 사자使者가 있었다. 여기에는 이른바 데칸Decan(십분각, 태양이 떠오르는 위치에 연속적으로 떠오르는 36개의 항성군)이 포함된다. 데칸은 산 자와 죽은 자를 지배하는 힘을 가졌다. 그래서 석관이나 묘실에 별시계가 새겨졌다. 죽은 이가 죽음 이후 여행길에서 하늘로 방향을 잡고 거기에 있는 신들에게 가는 길을 찾을 수 있게 하기 위해서다. 따라서 종교적 상상의 세계뿐 아니라 실제적 천문학 지식에도 정통해 이 둘을 서로 올바르게 결합할 수 있는 '제사장 천문학자'가 필요했다.

제사장 천문학자의 임무는 밤하늘의 별을 관찰하고 신들과 인간 사이를 연결하는 것만이 아니었다. 달력을 설정하고 중요한 사건을 예언할 책임이 그들에게 있었다. 예를 들어, 나일강의 범람을 예측하고 정확한 날짜를 공표하는 일 등이다. 나일강의 연홍수는 이집트 농사에서 중요했다. 홍수에 의해서만 씨앗이 자랄 수 있는 충분한 물이 공급되었기 때문이다. 홍수가 일어나지 않거나 적기에 오지 않으면 생존이 위협당했다.

별을 관측하는 것은 한 해의 중요한 날들을 예측하기 위해 꼭 필요했다. 이를 위해서는 조준기 같은 천문 장비가 동원되어야 했다. 피라미드에서 발견된 그림과 다른 고고학 유물들에서 그러한 천문 장비를 추측할 수 있다. 또한 당시의 관찰 기준으로 해석하면 시간과 위치 측정이 놀라울 만큼 정확했다. 그러나 관찰 기준을 달리하면 설명이 되지 않는다. 이른바 천문학적 세차운동을 고려하지 않으면 고대 이집트의 역사적 관측은 이해될 수 없고 잘못된 해석으로 이어진다. 세차운동은 지구의 자전축 기울기가 바뀜으로써 천극이 움직이는 것을 의미한다. 천극은 밤 동안 별하늘이 도는 중심으로, 밤하늘을 관찰하는 기준이다. 옛날에도 2만 5천8백 년에 걸친 긴 운동을 알고 있었고 히파르코스(기원전 190년경~기원전 120년경)가 이를 기술했다. 현재 작은곰자리 별자리의 알파별인 북극성이 지구 북반구 밤하늘 별들의 중심에 있다. 우리가 북쪽을 알고 싶을 때 이 별을 보고 방향을 정할 수 있다. 반면, 고대 이집트 시대에는 천극의 자리에 오늘날 별자리로 치면 용자리가 있었다. 오천 년 전에는 용자리에 있는 밝기가 낮은 별이 '북극성'이었다. 그러나 천문학에서 정확한 기준으로 사용하기에는 밝기가 너무 약했다. 따라서 이집트인들은 북쪽 방향을 확실하게 정하기 위해서 오늘날의 큰곰자리와 작은곰자리를 별개로 사용했다. 따라서 일시적으로 어떤 별들은 분명 포개져 있었을 것이다. 피라미드와 사원과 건물들에서 수세기에 걸쳐 각도가 미세하게 '오정렬'되는 것은 이러한 세차 현상으로 이해할 수 있다. 별로 북쪽 방향을 정하는 방법과 방식은 오랫동안 같았지만 천체와 위치 측정을 위한 기준점은 아주 약간 이동했다.

제사장 천문학자의 또 다른 중요한 임무는 달력 제

정이었다. 당시에 달력은 360일(30일 단위로 열두 달 – 역자 주)에 5일을 추가해 구성되었다. 일 년 중 가장 정확해야 하고 중요한 날은 나일강에 홍수가 일어나는 날이었다. 나일강의 범람은 가장 밝은 별인 소티스(오늘날의 시리우스)가 해 뜨기 전 새벽하늘에 다시 나타나는 것과 관련이 있었다. 수천 년 동안 소티스가 태양과 함께 이른바 '신출'新出하는 것에 대한 기록이 있다. 이 신출은 사 년에 하루씩 앞당겨졌고, 시간이 지나면서 나일강 범람이 시작되는 정확한 날짜를 달력에서 정했다. 그런데 이집트의 일 년은 짧아서 다른 달, 즉 5일을 추가해 연장해야 했다. 따라서 신년 축제는 두 번, 즉 첫 달 첫 날과 소티스 신출 날에 열렸다. 대략 1450년이 지나자 이 두 신년 축제일이 같은 날이 되었다. 이른바 '소티스의 순환'은 고대 이집트에서 이미 알려져 있었다. 그럼에도 그들은 하루에 기념하기에는 거의 불가능한 이 두 신년 축제일은 남겨 두었다.

나라의 행정을 위한 태양력 외에도 태음력이 사용되었다. 태음력은 그 규칙성 덕분에 매우 실용적이었다. 태음력에 따라 한 해의 축제일이 결정되었다. 태음력은 태양의 운행 주기와 맞추기 위해서 25년 주기를 따랐다. 오늘날 우리 달력에도 중요한 날짜를 결정할 때 양력과 음력을 혼합하는 유사한 시스템이 있다. 매년 춘분이 지난 첫 보름달 직후 일요일을 부활절로 지내는 것이다.

이집트 음력의 특징은 초하룻날을 정하는 데 있다. 그들은 하현달이 더 이상 보이지 않을 때를 매달 첫째 날로 정했다. 이는 서쪽 하늘에서 초승달을 관찰하는 일반적인 방식과는 대조적이다. 어쩌면 그것이 더 쉬운 방법일 수 있다. 아침 하늘에서 달이 점점 작아지고 마침내 사라질 때까지 볼 수 있기 때문이다. 그럼으로써 달의 위치를 좀 더 쉽게 결정할 수 있었다.

고대 이집트에서 제사장 천문학자는 할 일이 많았다. 다양한 달력을 규정하고 밤하늘을 관찰하여 달력들을 미세하게 조정했다. 한 해 동안 기념일에 희생 제사나 예식을 빠짐없이 지내야 했다. 무덤이나 사원 또는 피라미드 같은 종교적 건축물의 북쪽을 정확하게 정하는 것뿐 아니라 건설 계획, 설계도, 종교적이고 천문학적 내용이 담긴 그림 구상도 그의 임무였다. 그리하여 무덤에 달력이 그려졌고 석관에 별 시계가 나타났다. 천문학과 문화 그리고 종교는 내적으로 깊고 밀접하게 서로 연관되어 있다.

2

측정, 계산, 예측: 천문학이 과학이 되다

이집트 천문학은 주로 그림으로 남아 있다. 그 이유는, 좀 더 정확한 계산이 가능한 수학이 발전되지 않아서일 것이다. 또 다른 이유는, 별들의 의미가 저승과 관련된 개념이나 사후 삶과 매우 강하게 결합되어, 하늘과 이 세상은 별로 관계가 없다고 여겨졌기 때문이다. 반면 메소포타미아에서는 관찰하고 계산하는 과학에 더 중점을 두었고, 하늘의 운행을 이 세상과 연관 지어 해석하는 것을 중요하게 여겼다. 이들의 천문학은 각각 메소포타미아 지방(유프라테스강과 티그리스강 사이의 지역)과 나일강 지역에서 같은 시대에 발전했다. 이집트에서는 한 민족의 문화가 수천 년 동안 안정적으로 유지된 반면 메소포타미아에서는 여러 민족이 그 지역을 다스렸다. 처음에는 수메르인, 그다음에는 바빌로니아인이 그 땅에 있었다. 나중에는 수메르인과 통치권을 잡은 아시리아인들이 있었다. 무역뿐 아니라 동쪽과 서쪽의 두 고등 문화도 활발하게 접촉했다. 두 문화는 발전하는 천문학에 대해서도 교류했다. 둘 사이에 유사점이 많았지만 핵심은 수천 년 동안 서로 다른 채로 남아 있었다. 무엇보다도 동쪽에서 발견되는 행성들은 이집트인들보다 메소포타미아인들에게 더 큰 관심을 받았다. 시간이 지나면서 복잡한 수학은 천체 현상을 계산하고 나아가 예측할 수 있도록 발전했다. 천체 운동을 해석하고자 하는 갈망이 이런 일을 가능하게 한 원동력이었다.

이는 관찰한 것을 다루고 기록하는 방식에서 분명하게 나타난다. 메소포타미아 천문학자들은 설형문자로 천체 운동에 관한 긴 목록을 만들었다. 천문학에 관한 최초의 설형문자 점토판은 삼천 년 전에 제작되었으며 상당히 높은 정확도를 보인다. 이 시대에 별들이 별자리로 구분되었다. 이때 정해진 몇몇 별자리 이름은 오늘날 우리에게도 익숙하다. 별과 신들을 연결하는 것이 관례였고, 따라서 땅 위와 인간들 사이에서 일어나는 일들을 하늘의 현상으로 해석하는 것이 중요해졌다. 무엇보다도 태양과 달 그리고 행성이 결정적인 역할을 했는데, 하늘에서 움직이는 것들에는 특별한 의미가 있다고 여겼기 때문이다. 따라서 태양과 달 그리고 행성은 신들, 정확하게 말하자면 하늘에 있는 신들의 대표자로 여겨졌다. 별들과 하늘의 운행을 해석하는 과정에서 점성술이 탄생했다. 점성술은 메소포타미아의 제사장 천문학자에게서 기원한다. 고대에 점성가로서 그들의 영향력은 매우 커서 '칼데아인'이라는 민족 이름이 '점성가'와 동의어로 사용되었다.

수천 년에 걸친 일련의 관측을 통해 천문학자들은 반복해서 일어나는 천문 현상을 거듭 확인하고 나중에는 예측할 수 있게 되었다. 따라서 열정적인 관찰자들 덕분에 달 궤도의 주기는 초 단위까지 정확하게 측정되었다. 기원전 8세기부터 월식 주기가 18년으로 알려졌다는 것은 확실하다. 화성과 금성의 공전 주기를 분 단위까지 정확하게 측정했다. 원을 360도로 등분하는 것, 시간을 12 또는 60 단위로 나누는 것 또한 바빌로니아인들 덕분이다.

바빌로니아인, 아시리아인, 수메르인들은 이른바 별의 신출新出을 관찰했다. 신출은 낮 동안 하늘에는 보이지 않다가 새벽 동쪽 하늘에서 다시 관찰된다. 지구가 공전하므로 하늘에서 태양은 별보다 천천히 움직이는 것처럼 보인다. 매일 4분씩 별들이 태양보다 빨라진다. 별들이 태양보다 매일 4분씩 일찍 뜨기 때문에 아침 하늘 또는 동트기 전 동쪽 하늘에서 다시 별들을 관찰할 수 있다. 이 자료는 기원전 2300년부터 기원전 300년까지의 설형문자에서 읽을 수 있다.

시간이 지나면서 점성술은 천체 관측과 이 땅에서 일어나는 일을 연관 지었다. 예를 들어, 사람들은 월식이 일어나면 왕이 죽을 위험이 크다고 여겼다. 월식을 부정적으로 덧씌움으로써 사람들은 희생양을 통해 위험하고 나쁜 영향을 피하려고 했다. 수천 개의 점토판에는 천문학적 설명 외에도 천체 관측에 따라서 인간에게 중요하다고 여겨진 예언도 있다. 니네베에 있는 아슈르바니팔 도서관에서 이러한 예언에 관한 문헌을 가장 많이 볼 수 있다. 예언은 하늘에서 이러저러한 일이 발생하면 지상에서 이러저러한 일이 일어난다는 간단한 도식에 따라 진행된다.

제사장 천문학자의 여러 일 중에 오늘날 우리에게 가장 중요한 것은, 현상을 예측하기 위한 훌륭한 대수학을 발전시킨 것이다. 이는 영적 · 문화적 관점에서 볼 때 인류 발전에 매우 중요한 단계다. 하늘에서 관찰한 실제로 일어나는 현상에 추상적인 수학을 응용했다. 현대 과학의 또 다른 중요한 원리가 이러한 방식에서 비롯되었다. 바로 일반화이다. 수많은 사건을 관찰함으로써 과거와 미래의 일관된 결과를 제공하는 수학적이고 일반적으로 유효한 공식을 도출하는 것이다. 현재의 연구에 따르면 이는 기원전 7세기부터 일어났다.

그리스가 근동 천문학의 두 기둥(이집트와 메소포타미아)을 이어받았다. 수천 년에 걸친 관측으로 얻은 별의 위치와 이름뿐 아니라 다양한 천문학적 현상에 대한 예측을 기록한 것도 넘겨받았다. 그리스는 그들의 신화와 더불어 그들만의 판테온을 가지고 있었기 때문에 별과 그것에 속하는 신들에 대한 종교적 해석은 일부만 받아들였다. 그대로 번역하거나 넘겨받은 것 같은 유사점이 있었지만, 전혀 다른 점도 있다.

칼데아인과 메소포타미아인들이 첫 천문학자로 우리에게 알려져 있다. 히파르코스, 에라토스테네스, 클라우디오스 프톨레마이오스 같은 그리스 계승자들의 이름은 오늘날 우리에게도 친숙하다. 별자리와 항성 목록, 오랜 기간 동안의 지속적인 관찰과 계산 외에도, 이집트인들에게 이어받아 개량한 기하학도 그리스인들에게 유용했다. 대수학은 바빌론의 기존 법칙을 넘겨받았다. 지상에서 일어나는 일을 천문 현상과 연관 지어 해석했고, 기존의 점성술에 맞추어 보고 또 개선하는 일이 동시에 일어났다. 그렇게 천문 지식과 점성술이 동쪽에서 서쪽으로 이르렀다.

다른 문화권 및 종교권으로 넘어옴으로써 처음으로 종교와 천문학의 연결이 끊어졌다. 그리스인들에게는 이미 그들의 신들, 판테온 그리고 하늘과 사후의 삶에 대한 고정된 관념이 있었다. 게다가 실재를 그들의 방식으로 해석하는 그리스철학자들의 자연철학이 더해져 고대의 신화적 해석이 설 자리가 없었다.

여기서 역사상 처음으로 자연을 오로지 과학적으로만 이해하려는 시도가 구체화된다. 다시 말해서, 자연을 관찰하고, 측정하고, 측량하고, 계산하는 것이다. 에라토스테네스는 기원전 3세기에 서로 다른 곳에서 그림자 길이를 측정함으로써 지구의 둘레를 놀라울 정도로 정확하게 계산했다. 태양과 달의 거리를 측정하려는 첫 번째 시도가 오늘날 기준에서 보면 실패하기는 했지만 이 측정법은 현대의 과학적 접근 방식보다 결코 뒤처지지 않는다. 태양 가까이에서 돌며 공전 궤도가 그리 크지 않은 수성과 금성을 관찰함으로써 그때까지의 지구중심설(우주의 중심에 지구가 있다)의 대안 개념이 발전했다. 그러나 태양중심설(우주의 중심에 태양이 있다)은 그것을 증명할 일련의 관측이 부족했으므로 고대에 널리 지지받지 못했다.

나아가 하늘을 관측하기 위한 도구들도 개량되었다. 방향 지시자와 각도 측정 기구 외에, 무엇보다 더 많은 지식을 알려 주는 혼천의渾天儀도 있었다. 혼천의는 서로 회전하는 원형의 금속 고리 여러 개를 한데 짜 맞추어 별과 행성이 움직이는 가상의 구(천체)를 재현한 것이다. 하늘 모형과 거기서 움직이는 물체들이 있다. 관찰자는 이 장치의 중심에 있었다. 그가 지구중심설 세계관 속에 있었기 때문이다. 이런 장치들의 도움으로 천체들 간의 각도를 측정할 뿐 아니라 천체의 위치를 결정하고 태양, 더 정확하게 말하면 별들을 이용해 시간을 측정할 수 있었다.

고대 천문학의 가장 중요한 업적은 2세기경 프톨레마이오스가 지은 『알마게스트』다. 이 작품은 원래 『메갈레 신탁시스』*Megalē Syntaxis*(위대한 논문)라 불렸는데 당시에 실제로 '위대한 작품'으로 평가받았다. 아랍인들이 이 책을 『알마지스티』*Al-magisti*(최고의 성과물)로 번역했고, 이후 이 말을 이어받아 라틴어 『알마게스트』*Almagest*로 굳어졌다. 이 책에서 프톨레마이오스는 별에 관한 기본 지식 외에도 혼천의와 비슷한 기구인 아스트롤라베를 만드는 법도 설명한다. 나아가 천 개가 넘는 별과 별자리 48개를 소개한다.[3] 이것이 오늘날의 별자리 88개의 기초가 되었다. 프톨레마이오스는 이집트나 바빌로니아의 고대 별 목록을 넘겨받는 데 그치지 않고 그것을 자신이 오랫동안 관찰한 것과 비교했다. 프톨레마이오스의 별자리 목록은 히파르코스의 별자리 목록과 더불어 별자리 목록의 기원이 되었다. 이러한 집대성으로 수세기에 걸쳐 전해지는 성도星圖와 천구의天球儀까지 만들어졌다.[4]

프톨레마이오스는 아리스토텔레스와 플라톤 철학에

서 영향을 받아 『알마게스트』를 썼다. 그는 별들을 지배하는 하늘의 신은 없다고 보았다. 신은 우주를 움직이는 '부동不動의 동자動者'로 대체되었다. 그는 지구가 중심에 있고 태양, 달, 행성, 별을 싣고 있는 하늘의 다양한 구체球體가 지구 둘레를 돌고 있다고 여겼다. 프톨레마이오스가 여기에 제시한 지구중심설은 수세기 동안 유효했다.

천체 현상에 대한 오늘날의 이해와는 달리 고대의 특이점이 있는데 프톨레마이오스도 다음과 같이 이해했다. 별하늘보다 더 높은 곳에는 혜성이나 유성(별똥별이나 운석의 빛의 자취) 또는 신성(nova) 같은 하늘의 현상이 없다는 것이다. 이것들의 외형은 빠르게 변했고 그 불완전성은 지구나 대기와 관련이 있음이 분명했다. 끊임없이 변하는 지구의 날씨처럼, 일시적이고 가변적인 이러한 현상은 지구 대기층과 관련이 있고 그래서 기후학으로 분류되었다. 혜성이 지구 대기층 안에서 움직이는지 아니면 태양계에서 멀리 떨어진 물체인지에 관한 학자들 사이의 논쟁은 오랫동안 결론이 나지 않았다. 요하네스 케플러는 이것들의 궤도에 근거하여 이들은 태양계에 속하고 그러므로 지구의 '발산'은 있을 수 없다는 것을 증명할 수 있었다.

프톨레마이오스에게 한 가지는 확실했다. 별을 해석하는 것은 아주 유용하다는 것이다. 그래서 『메갈레 신탁시스』, 『알마게스트』, 『테트라비블로스』(네 권의 책)에서 그는 다양한 천문 현상과 관측에 대한 점성술적 해석에 관해 자세하게 설명한다. 천문학은 별의 '법칙'(Nomos)에 대해 논하는 학문이 되었다. 점성술은 인간을 위해 별의 의미를 탐구하는 학문이었다. 천문학과 점성술은 오랫동안 하늘에서 일어나는 자연현상을 관찰하고 예측하고 해석하는 것을 다루는 자연과학으로 여겨졌고 서로 아주 밀접하게 결합되었다. 또한 『테트라비블로스』는 시대와 대륙을 넘어 천문학적 지식을 전수하는 필수 서적이 되었다.

그 후 수세기 동안 세계의 여러 문화권에서 점성술은 그 어디에서도 크게 발전하지 못했다. 육안에 의존해 별이 빛나는 하늘을 관찰한다는 것이 한계가 있었기 때문이다. 육안으로는 변화하는 행성의 표면과 작은 부분까지 볼 수 없었다. 예를 들어 금성이나 수성의 위상 변화는 관찰되지 않았다. 목성의 위성들과 태양계의 이 왕자 행성 주위를 도는 위성들의 움직임은 이론적으로는 육안으로 볼 수 있지만 확실하게 알 수는 없었다. 예를 들어, 천왕성도 천문학자들이 볼 수 있었고 실제로도 관찰되었다. 망원경이 발명된 후에도 천왕성이 별자리 목록에 때때로 들어가긴 했지만, 행성으로 확인되지는 않았다. 1781년에 윌리엄 허셜이 자신이 만든 망원경으로 처음 발견했을 때 행성으로 인정받았다.

성경의 혁명: 별은 별일 뿐이다

성경은 창세기 첫 장에서 하느님과 하늘에서 볼 수 있는 물체들 사이의 연관성을 분명하게 밝힌다. 하늘에 큰 빛 물체 두 개를 만드신 분은 하느님이다. 성경은 이것들을 태양과 달이라는 이름으로가 아니라 "그 가운데에서 큰 빛물체는 낮을 다스리고 작은 빛물체는 밤을 다스리게 하셨다"(창세 1,16)라고 전한다. 이 빛물체들은 하느님에게서 나왔고 하느님이 만든 그분의 피조물이다. 성경이 쓰일 당시 이스라엘 민족은 별을 신으로 섬기는 환경 속에 살고 있었다. 그러나 성경에서 별들은 말하자면 세속화되었다. 이어지는 성경 구절에서 별을 창조하는 이야기를 보면 알 수 있다. "그리고 별들도 만드셨다." 분명하다. 창조 설화는 태양, 달, 별을 피조물에 속한다고 본다. 이것들은 각각 신과 동일한 위치에 있지 않다. 태양, 달, 별은 하느님을 찬양하기 위해 창조되었고, 날과 달 그리고 년을 구분하여 인간에게 봉사하기 위해 창조되었다.

하느님의 피조물로서 하늘의 물체들은 하느님의 위대함을 선포하고 그분을 찬양한다. 이 물체들은 지혜서와 특히 시편에서 거듭해서 비유적인 언어로 등장하고 하느님의 영광과 위대함을 선포한다. 시편 148편에서 기도하는 자는 해와 달과 별들에게 모든 피조물과 함께 하느님을 찬양하자고 요구한다. "주님을 찬양하여라, 해와 달아. 주님을 찬양하여라, 반짝이는 모든 별들아"(3절).

하느님은 인간에게 약속하신 풍요로운 삶을 거듭 설명하면서 별을 이용하신다. 하느님은 믿음의 아버지 아브라함에게 세 번이나 하늘의 셀 수 없이 많은 별들을 가리키며 그의 후손들과 그에게서 나온 민족들이 그렇게 번성하리라고 말씀하신다. 바닷가의 모래와 하늘의 별은 하느님께서 성조 아브라함과 모든 믿는 이들을 위해 준비하신 그들이 영위할 충만한 삶을 상징한다. 아브라함에게 하신 약속은 나중에 신명기와 신약성경의 히브리서에서 다시 등장한다. 하느님께서 하신 약속은 아브라함과 사라의 후

손들에게서 성취되었다.

해와 달 그리고 별들은 성경에서 다른 역할도 한다. 하늘에서 일어나는 현상은 예언이 성취되었음을 나타낸다. 이것들은 고난이나 전쟁 중에 '주님의 날'의 사자使者로 해석된다. "해는 어둠으로, 달은 피로"(요엘 3,4) 바뀔 것이며 별은 하늘에서 떨어질 것이다. 온 창조 세계가, 또한 하늘의 창조 세계가 가난한 이들과 멸시받는 그분의 백성을 위해 하느님이 곧 개입하시리라는 것을 알려 준다.[5] 온갖 불행 속에서, 고난과 재앙의 징후 속에서 해와 달 그리고 별은 하느님께서 그분의 백성을 위해 마련하시고자 하는 임박한 구원의 표징이다. 그러므로 하늘의 위협적인 표징, 예를 들어 일식과 월식 또는 수천 개의 유성이 떨어지는 유성 폭풍우 같은 것은 믿는 이들에게 재앙의 징조가 아니라 구원의 표징이 된다.[6]

성경에서는 다양한 별자리를 찾을 수 있다. 그러나 그 별자리들은 이스라엘 인근 민족과 문화에서 '들어온 것'이다. 진정한 의미에서 천문학은 고대 이스라엘에는 존재하지 않았다. 성경에서는 오리온과 플레이아데스성단인 일곱 개의 별이 가장 많이 언급된다. 흥미로운 점은 오리온의 히브리어 표현은 '사냥꾼'이 아니라 '타락한 자'라는 것이다. 플레이아데스는 늘 오리온과 함께 언급된다. 히브리어로는 '무리'를 의미한다. 또한 성경에서 '큰곰자리', 사자자리 또는 황소자리도 찾을 수 있다(번역이 불분명하지만 욥 9,9; 38,31 참조). 제시간에 떠오르는 별자리들과 황도 12궁과 일치하는 별자리도 성경에 나온다. 하느님은 욥에게 길게 말씀하시면서 이렇게 묻는다. "너는 별자리들을 제시간에 이끌어 내고 큰곰자리를 그 아기별들과 함께 인도할 수 있느냐?"(욥 38,32).

성경 저자들은 점성술의 상징이나 그 의미를 분명하게 식별하는 데는 관심이 없었다. 예언자들은 야훼의 수위권에만 관심이 있었다. 즉, 하느님이 하늘의 무리를 지배하는 분이며, 그분 홀로 찬양받을 자격이 있다.[7]

신약성경의 마태오 복음은 동방박사 세 명에 대해 전한다. 그들은 새로 태어난 왕의 별을 보고 아기에게 경배하기 위해 그 별을 따라갔다. 그러나 그들은 점성술을 통해서가 아니라 유다 베들레헴에서 그 아기가 태어날 것이라는 성경 말씀을 이용해 결정적 단서를 찾는다. 마태오 복음사가는 베들레헴의 별을 계산할 수 있는 어떤 천문 현상도 묘사하지 않는다. 그보다 그 별은 아기 메시아의 종이 되어 동쪽에서부터 구유가 있는 길을 가리키고 아기가 있는 곳 위에 멈춘다.

마태오는 유다인들에게 새로 태어난 왕이자 메시아로 예수를 이해시키기 위해 구약을 인용한다. 민수기 24장 17절의 발라암의 신탁("야곱에게서 별 하나가 솟고 이스라엘에게서 왕홀이 일어난다")의 떠오르는 "야곱의 별"을 자신의 복음서에 받아들였을 가능성이 상당히 높다. 떠오르는 별은 도래하는 메시아를 상징하며, 하늘에 그의 도착을 알린다. 이 전통은 아마도 유다인들에 의해 이집트에서 전해졌을 것이다. 결코 지지 않고 죽음 이후의 삶을 보장하는 별은 왕을 상징하는 것들 중 하나였기 때문이다. 이스라엘을 둘러싼 신화적이고 점성술적인 문화의 분위기는 성경과는 거리가 있다. 마태오 복음에서 이는 분명하다. 별은 메시아를 '만드는' 것이 아니라 참된 왕이자 메시아가 될 새로 태어난 아기 예수를 섬겨야 한다.

성경의 저자들은 별 숭배를 우상숭배로 여기고 단호하게 거부한다. 신약성경에서 사도행전의 저자로 알려진 루카가 분명하게 밝히고 있다. 사도행전 7장에서 스테파노 성인이 이스라엘인들에게 돌에 맞아 죽기 전에 별을 경배하는 죄에 대해 힐책한다. 스테파노 성인은 대사제와 재판관에게 이스라엘의 재앙의 역사를 보여 준다. 그는 배교의 많은 경우 가운데 특히 별을 숭배하는 것을 비난한다. "그 무렵 그들은 송아지를 만들어 그 우상에게 제물을 바치고 자기들의 손으로 만든 물건들을 놓고 즐거워하였습니다. 그래서 하느님께서는 돌아서시고 그들이 하늘의 군대를 섬기게 내버려 두셨습니다. 그것은 예언자들의 책에 기록된 대로 된 것입니다. '이스라엘 집안아, 사십 년 동안 광야에 있을 때에 나에게 희생물과 제물을 바친 일이 있더냐?'"(사도 7,41-42). 루카에 따르면, 스테파노 성인이 돌에 맞아 죽은 이유는 이스라엘인들에게 그들이 하느님을 저버리고 하느님이 아닌 우상을 숭배하고 있음을 상기시켰기 때문이다.

나중에 예수 그리스도를 샛별로 지칭했던 것을 점성술이나 별 숭배로 이해해서는 안 된다. 이는 사람들에게 예수가 누구인지 알려 주기 위한 토착화의 한 방법을 보여 준다. 베드로 서간(2베드 1,17-19)과 요한 묵시록[8]에서 예수 그리스도를 샛별에 비유하는 것을 볼 수 있다. 그렇게 그분은 다가올 구원의 날과 완성의 날을 선포한다. 그분의 부활로 믿는 이들에게는 그날이 이미 와 있다. 따라서 당시 사람들에게 그분을 별이 상징하는 바와 연결하는 것은 익숙했으며, 예수가 누구인지 그리고 그분이 그들의 삶에 얼마나 중요한지 이해시키는 한 방법이었다.

성경 전반에 걸쳐 예언자들은 백성들의 별 숭배를 분명하게 비판하고 있다. 야훼는 참되고 유일한 하느님이며, 별에 의해 규정되지 않는다. 오히려 그 반대로 별이 그분의 종이다. 별들은 그분의 놀라운 창조 능력을 선포하고 모든 피조물과 함께 하느님을 찬양한다. 더 나아가 별들은 인간을 위해 봉사한다. 사람들은 연중 축제와 축제일을 결정하는 데 해와 달 그리고 별들을 이용했다. 그렇게 시간이 지나면서 제 역할을 찾은 별들은 삶을 계획하고 적절한 체계를 형성하도록 도왔다. 앞으로 일어날 일을 예언하는 점성술은 이스라엘에 필요하지 않았다. 예언자들이 하느님 말씀에 귀 기울이고 그분의 말씀을 선포하는 임무를 맡았다. 별의 의미를 해석하는 것은 점술이다. 결국 하느님에게서 떨어져 나가는 것이며 믿는 이들에게 드러내시는 그분의 진심 어린 염려를 배반하는 것이다.

따라서 별을 하느님의 피조물로 보는 성경은 별을 단지 별로 이해할 뿐이며 점성술에서 독립된 천문학의 발전을 촉진시켰다. 이러한 인식이 널리 받아들여지기까지 수세기가 걸렸다.

시간 기준으로서의 해와 달 그리고 별

발전한 그리스도교는 별의 의미와 그와 연관된 우주에 관한 성경 본문을 일상, 연중행사 심지어 미사에까지 수용했다. 이러한 성경 본문은 특히 찬송가와 전례문에서 발견된다. 신약성경은 반복해서 예수의 우주적 의미를 말한다. 루카 복음, 요한 복음, 바오로와 베드로 서간들에서 초기 그리스도교 찬가가 우리에게 전해졌다. 초기 그리스도인들은 유다인의 직계 후손 또는 유다교 환경에서 자란 사람들이다. 그들은 (구약)성경과 창조 설화를 믿었다. 모든 것이 하느님과 그분의 말씀을 통해 창조되었다. 그들은 하느님 말씀이 성령을 통해 예수 그리스도 안에서 사람이 되셨다고 믿었다. 그들은 예수 그리스도의 삶과 고통 그리고 죽음의 우주적 의미를 그분의 부활에서 깨달았다. 그러므로 그들에게도 사람이 되신 하느님의 말씀은 처음부터 창조에 바탕을 두고 있었음이 틀림없다. 요한 복음의 머리글처럼, 신약성경의 여러 구절이 이를 상기시킨다. "만물은 말씀으로 말미암아 생겨났고, 말씀 없이 생겨난 것은 하나도 없다"(요한 1,3).[9]

우리에게 전승된 다양한 초기 그리스도교 찬가도 예수 그리스도를 통한 창조를 노래한다. "과연 하늘과 땅 위에 있는 만물은 그분 안에서 창조되었도다. … 만물은 그분으로 말미암아, 그분을 위해서 창조되었도다"(콜로 1,16). 요한 묵시록에서 이러한 찬가는 특유의 우주적 성격을 취했다. 세상의 지배자(Cosmocrator)로 여겨진 황제와 달리, 예수 그리스도는 만물의 주재자(Pantokrator)로 찬양받았다. 그리스도교가 로마제국의 박해를 받던 3세기 이후에도 교회의 성가는 초기 그리스도 공동체의 모범으로 여전히 남아 전해졌다. 성가에서 별과 행성 같은 온 우주는 세상 창조주의 품 안에 존재하며 하느님의 위대하심을 노래한다.

그러나 하느님을 찬양하는 것만 유다교에서 그리스도교로 전해진 것은 아니다. 시편 104편 19절은 이렇게 노래한다. "그분께서 시간을 정하도록 달을 만드시고 제가 질 곳을 아는 해를 만드셨네."[10] 천문학은 시간을 정하고 특별한 축일과 전례 시기가 담긴 교회 달력을 확립하기 위해 없어서는 안 될 요소로 남아 있었다. 이를 위해 국가적으로 이른바 율리우스력을 기준으로 삼았다. 율리우스 카이사르가 도입하여 율리우스력이라 불린다. 그는 365일을 12개월로 나누고, 4년마다 윤년을 넣었다. 율리우스력은 1582년까지 널리 사용되었다. 그러나 그리스도교의 구체적인 축일들은 여전히 불분명했고 확정되지 않았다.

그리스도교 달력은 부활절을 정하고 그다음에 한 해의 일정이 확정된다. 밤하늘의 별을 관찰 혹은 예상해서 예수님의 부활을 기념하는 날이 결정되었다. 그런데 2세기 초부터 '진짜' 부활절에 대해 의문이 제기되었다. 수세기 동안 몇 번의 공의회에 걸쳐 논쟁이 이어졌고 6세기가 되어서야 오늘날의 부활절 날짜에 대한 규정이 최종적으로 확정되었다. 부활절은 춘분 직후의 첫 보름달이 뜬 다음 일요일이다. 첫 보름달이 일요일에 뜰 경우 부활절은 다음 일요일이다. 부활절의 정확한 날짜를 결정하는 것은 이제 천문학자나 이른바 교회력 산정을 담당하는 사제들의 임무가 되었다. 서력西曆을 창시한 디오니시우스 엑시구스는 교회력 산정법(computus)으로 500년이 넘는 부활절 주일을 결정하여 부활절표를 작성했다. 그러고 나서 대축일들과 연중 다양한 축일과 전례 시기가 정해졌다.

한 해의 중요한 날들을 특정하는 것이 천문학자에게만 중요한 건 아니었다. 수도자에게도 중요했다. 나날의 일정을 믿음으로 채우기 위해 정확한 시간에 시간전례(성무일도라고도 불린다)를 지키는 것이 중요했다. 누르시아의 베네딕도(480년~547년) 성인은 규칙서에서 "낮과 밤에 하느님의 일을 위한 시간을 알리는 일은 아빠스가 돌볼 것이니 … 모든 것을 '제시간에 완수'(horis competentibus)하게"[11] 해야 한다고 권고한다. 이는 태양과 남쪽의 위치를 관찰함으로써 가능했고, 이로써 정오가 정해졌다. 또한 해시계는 태양의 위치와 방향으로 낮 동안에 시간들을 나타냈다. 하늘이 청명할 때 시간을 알아내는 것은 전혀 문제가 없었다. 야간의 시간을 결정하기 위해 밤에 별을 관찰할 때도 마찬가지였다. 날씨가 좋지 않을 때 사용하기 위해 훗날 태양이나 별들을 이용해 거듭 보완된 간단한 모래시계나 물시계가 있었다.

고대에 낮과 밤은 각각 열두 시간으로 나뉘었다. 수도자들은 "밤 제8시에 일어날 것이니, 한밤중은 조금 지나서까지 쉬고 소화가 된 다음에 일어나도록 할 것이다".[12] 그런데 일 년 동안 낮과 밤의 길이가 달라진다. 북위가 올라갈수록, 즉 적도에서 멀어질수록 일 년 동안 계절에 따라 낮과 밤의 길이 변동이 커졌다. 베네딕도 성인은 이를 고려해 밤기도에 적용했다. 여름에는 밤이 짧기 때문에 독서와 응송이 짧다. 수도원에는 연중 시간의 변화를 알고 있는 형제가 있어야 했다. 그래야 전례 일정을 정할 수 있었다. 기계식 시계가 없던 때에는 대단히 모험적인 일이었다! 기도하기 위해 낮과 밤의 시간을 계산하고 알려 주는 누군가가 있어야 했던 것이다. 그래야 수도 형제들이 정확한 시간에 성무일도를 할 수 있었다.

기도 시간은 우주의 운행을 살피며 그에 따라 정해졌다. 아침기도는 동틀 무렵 올려지고 그에 따라 아침미사 시작 시간이 정해졌다. 창조의 리듬이 수도자들의 기도 생활에 반영되어야 했다. 베네딕도 성인은 수도자들이 성무일도를 해야 하는 근거에 대해 간략하게 제시하고 있다. 수도자들에게는 창조주를 찬양할 의무가 있다. "예언자가 '나는 낮에 일곱 번씩 당신께 찬미를 바칩니다'라고 말씀하셨기 때문이다. 그리고 밤의 '야간기도'에 대해서 같은 예언자는 말씀하시기를 '나는 당신을 찬양하기 위하여 밤중에 일어났습니다'라고 하셨다. 그러므로 우리는 '아침기도', '제1시기도', '제3시기도', '제6시기도', '제9시기도', '저녁기도', '끝기도' 때에 우리 창조주께 당신 '정의의 판결에 대한 찬미를' 바칠 것이며, 또 그분을 '찬양하기 위하여 우리는 밤에 일어나도록 하자'."[13]

교회 건물을 '동쪽으로 향하게' 짓는 것 또한 중요했다. 이미 이집트의 건물과 고대 유적지와 다른 종교 건축물들도 특정한 방향으로 지어졌다. 방향 설정이 항상 동일한 것은 아니었다. 예를 들어, 비잔틴 지역의 첫 주교좌 성당은 동쪽을 향했는데, 이는 예수 그리스도의 재림이 태양이 뜨는 곳, 즉 '동쪽에서 온다'고 여겼기 때문이다. 그리스도인들은 처음부터 동쪽을 향해 기도했다. 이는 특별한 방법으로 행해졌다. 성당의 중심축은 성당의 수호성인 축일의 일출 방향에 따랐다.[14] 특히 중세에는 일출 방향을 향해 성당을 짓기 위해 전문 천문학자들이 필요했다.

이렇게 천문학은 수도생활과 밀접하게 연관되었다.

따라서 수도원에 들어온 천문학은 수세기 동안 학문으로 인정받고 발전했다. 자연과학에 관한 연구는 이미 교부 시대부터 긍정적으로 평가받았고 수도원에서 기본 교육에 속했다.

3

천문학과 신앙, 그 흥미로운 이야기

천문학은 하나님을 아는 한 가지 방법

주교이자 당대의 가장 위대한 신학자였던 교부 아타나시우스(295년~373년)에 따르면, 자연을 자세히 관찰하는 것과 자연에 대한 지식은 신앙인들에게 꼭 필요하다. 하느님께서 당신의 피조물 안에서 자신을 드러내시기 때문이다. 인간이 하느님에 대한 직접적인 증거를 찾으려 하지 않는다면, 인간은 자연을 연구함으로써 하느님에 대한 깊은 인식에 이를 수 있다. 토마스 아퀴나스(1225년~1274년)에게는 피조물에 대한 오류가 인간을 하느님에게서 이탈

시킨다는 것을 깨닫는 것 또한 중요했다. 피조물에 대한 오류는, 피조물을 하느님이 아닌 그분에게 종속되어 있는 힘일 뿐인 거짓 원인에 예속시킬 수 있기 때문이다.[15] 오늘날에도 자연과학과 신앙은 서로 대립하고 있는 것이 아니라 서로 연관되어 있고 서로를 더욱 풍성하게 한다. 신앙은 자연과학의 합리적 통찰을 필요로 하고, 과학은 신앙을 통해 더 깊은 의미를 얻는다.

그러므로 신앙인들이 자연에 대해 알고자 하고 천문학에 관심을 가지는 것은 중요하고 당연하다. 고대에 천문학은 이른바 자유학예 중 하나로 여겨졌으며 기초 교양 학문에 속했다. 고대에서 중세 초기 그리스도교 사회로 넘어오면서 마르티아누스 카펠라[16]와 교부 아우구스티누스가 자유학예를 계승하고 발전시켰다. 문법, 수사학, 변증법, 수학, 기하학, 음악과 함께 천문학은 진실로 자유로운 사람이 되고 자신의 창조주에게 더욱 가까이 가기 위해 신앙인과 자유인이 전념해야 하는 학문이었다. 자연을 연구하면서 신앙인은 하느님을 알게 된다. 하느님께서 이 모든 것을 창조하셨고 자연에서 자신을 드러내시기 때문이다.

고대의 천문학 저술들은 고대 학문 중 하나로 곧바로 중세로 넘어왔거나 아니면 아랍 세계와 접촉하여 다시 유럽으로 들어왔다. 프톨레마이오스의 『알마게스트』도 복잡한 우회로를 거쳤다. 『알마게스트』는 특별한 방식으로 서유럽에 들어왔다. 그리스도교는 이베리아반도에서 이슬람교 지배자들을 몰아낸 후 도서관에서 책들을 선별했다. 그때 아랍어로 된 『알마게스트』도 발견되었다. 아랍어에서 라틴어로 번역되어 유럽 전역에 퍼졌고 중세부터 르네상스까지 천문학의 기초 서적이 되었다.[17]

세계관에 대한 다른 견해가 있었음에도, 프톨레마이오스의 지구 중심 세계관이 지배적이었다. 5~6세기에 마르티아누스 카펠라는 금성과 수성이 태양 주위를 돌고, 이것들은 다른 행성들처럼 지구 주위를 돈다고 주장했다.[18] 그는 당대의 학문을 집대성한 일종의 백과사전을 집필한 인물이다. 태양중심설은 아르타르코스(기원전 310년~기원전 230년)가 처음으로 주장했다. 9세기에 행성들이 태양을 중심으로 돌고 있다는 아일랜드의 신학자이자 철학자 에리우게나의 주장도 발견할 수 있다. 아마도 그가 참조한 플라톤의 『티마이오스』*Timaios*를 잘못 이해한 데서

비롯된 것 같다. 그러나 그 자신도 다른 누구도 이 '올바른' 오류를 주목하지 않았다.[19]

종교와 철학 및 천문학의 결합이 유익한 만큼, 이 결합의 중심에는 이미 큰 갈등의 불씨 또한 잠재되어 있었다. 인식 방식의 우위에 대한 질문이 언젠가 제기될 것이었다. 즉, 중요한 학문이란 무엇인가? 과학인가, 신학인가 아니면 철학인가? 5세기의 교부이자 철학자이며 신학자인 아우구스티누스는 이미 성경의 첫 번째 책인 창세기에 대한 해설에서 포괄적인 답을 제시했다. "비그리스도교인도 이성과 경험을 통해 확실한 지식을 충분히 얻을 수 있다. 그는 땅과 하늘에 대해, 별의 움직임과 궤도, 크기와 거리에 대해, 일식과 월식에 대해, 년과 시간의 주기에 대해, 동물과 식물 그리고 광물과 그러한 것들의 본성에 대해 말할 수 있다. 그리스도인이 그리스도교 경전을 근거로 내세워 비신자들에게 이 주제에 대해 잘못된 주장을 펼치고, 상대방이 웃음을 참지 못할 정도로 하늘을 뒤죽박죽 만들어 말하는 것처럼 당황스럽고 위험하며 가장 심각한 것은 없다."[20]

또 다른 질문도 제기된다. 천문학은 철학적이 될 수

있고 철학적이어야 하는가? 이미 그리스 천문학자들이 그 근원적인 시작점이 되었던 종교적 상상력과 분리해서 독립적으로 그들의 학문을 발전시켰다. 그러나 그리스 천문학자들은 위대한 철학자 플라톤과 아리스토텔레스와 그들의 사상 체계에 매몰되어 있었다. 아름다움, 대칭, 비례가 가장 중요했다. 이것들은 천문학자들에 의해 침해되어서는 안 되며 이 세상에서 더 많이 발견되어야 했다.

달력의 대변혁

시간이 흐르면서 사람들은 하늘을 세심하게 관찰함으로써 고대 천문 지식의 한계를 인식했다. 고대 이래로 거의 천 년 동안 한 해의 흐름은 당시 일반적이던 율리우스력과 일치했다. 그러나 달력과 천문 현상이 갈수록 어긋난다는 것을 깨달았다. 동지는 날짜가 점점 더 늦춰지는 것이 분명했다. 처음에는 12월 22일이었으나 시간이 지남에 따라 다음 해 1월로 밀렸다. 고대에 이미 율리우스력이 태양과 별의 운행에 정확하게 일치하지 않는다는 것이 입증되었다. 133년마다 하루 차이가 났다. 쿠사의 니콜라우스가 바젤 공의회(1432년)에서 달력 개혁안을 제안했다.[21]

그럼에도 1582년까지 율리우스력은 유효했다. 마침내 매일의 날짜를 천문학적 상황과 일치시키는 그레고리오력이 시행되었다. 공의회가 이 안을 제출하고 교황 그레고리오 13세가 공표할 때까지 수십 년 동안 개정 과정을 거쳐야 했다. 이 안은 다른 나라들이 다른 교파들과 함께 이 개혁에 동참할 것을 희망하면서 세속적인 개혁으로 도입되었다.[22] 그러나 20세기에 와서야 그레고리오력이 세계의 모든 나라에 받아들여지고 실제로 시행되었다. 그러나 모든 그리스도교 교파에서 부활절을 동일한 날짜에 기념하는 것은 아직도 이루어지지 않았다. 이에 대한 규정은 아직 정해지지 않았다.

전환점을 맞은 신앙으로서의 천문학

많은 천문학자에게 신앙은 천문학에 천착하게 한 원동력이었다. 특히 르네상스 시대의 천문학자들은 신학의 부수적 학문인 철학을 공부하며 천문학의 기초를 배웠다. 자연과학을 연구하는 것은 하느님을 더 깊이 인식할 수 있다는 가능성과 연결되었다. 신앙과 과학, 특히 신앙과 천문학과의 관계가 전환점을 맞던 시대의 두 사람이 이 주제에 대해 설명할 수 있을 것이다. 바로 니콜라우스 코페르니쿠스와 요하네스 케플러다.

니콜라우스 코페르니쿠스는 그단스크의 주교좌성당 참사회원으로 있으면서 『천체의 회전에 관하여』*De revolutionibus orbium coelestium*를 썼다. 이 책을 쓸 때 거기에는 그의 신앙에 반하는 어떤 것도 없었다. 태양이 움직이는 지구와 다른 행성들의 중심으로 이동했을 때에도 전혀 없었다. 오히려 그는 천문학적 지식을 로마의 교황에게 보냈고 당시 교회 당국과 긴밀한 관계를 유지했다. 코페르니쿠스는 1473년 폴란드 토룬에서 태어났다.[23] 일찍이 아버지를 여읜 그를 외삼촌 루카스 바체르로데가 양육했다. 그의 외삼촌은 후에 바르미아 교구의 대주교가 되었고, 이는 코페르니쿠스의 교육과 경력에 도움이 되었다. 토룬에서 학교를 졸업한 후 그는 폴란드(크라쿠프)와 이탈리아(볼로냐, 파도바) 등지에서 학업을 이어 나갔다. 그는 신학과 철학을 전공하면서 천문학을 배웠다. 법학과 의학 공부를 마치고 1503년에 교회법 박사 학위를 받고 고국으로 돌아왔다. 9년 전 이미 외삼촌 바체르로데 대주교의 제안으로 프롬보르크 대교구 참사회 위원으로 선출되었다.

코페르니쿠스는 사제로 서품 받지 않았고 차부제보다 낮은 품 정도만 받은 것 같다. 그는 성직자단의 일원이었지만 사제로서의 모든 임무를 수행하지는 않았다. 그의 생활 방식은 자유로웠다. 그러나 교회에서 경력을 쌓을 수 있는 선택권은 늘 열려 있었다.

수십 년 동안 그는 의사, 고위 관리, 주교좌성당 참사회 위원, 번역가, 외교관, 지리학자로 활동했고, 화폐개혁도 이끌었다. 그는 분명 다양하고 뛰어난 재능을 가진 사람이었다. 천문학자나 수학자 또는 대학교수라는 직업을 갖고 있었던 것이 아니었기 때문에 여러 분야를 연구할 시간과 여유가 있었을 것이다. 일상적인 여러 연구 작업 외에 코페르니쿠스는 천문학에 관심을 기울였다. 오늘날로 말하자면 취미였던 셈이다.

1510년부터 그는 프롬보르크의 가톨릭 참사회 위원으로 일하면서 거기에 있는 북서쪽 탑에 기거했다. 그는 대학생 때부터 당시 기준에서도 별로 정교하지 않은 단순한 기구를 사용해 홀로 천문 현상을 관측했다. 코페르니쿠스는 삼십 년 넘는 시간 동안 걸작을 썼다. 그가 공적인 자리에서 물러난 1530년 이후부터 천문 연구에 더 몰두할 수 있었던 것으로 보인다. 1539년에 개신교 수학 교수 게오르크 요하임 레티쿠스가 비텐베르크에서 그를 만나러 프롬보르크로 왔다. 레티쿠스와 기제 주교의 강력한 권유로 코페르니쿠스는 1540년에 그의 대표작을 출간하는 데 동의했다. 『천체의 회전에 관하여』의 서문에 따르면, 그는 이 책의 출간에 쉽게 동의하지 않았다. 그는 독자들이 이 책을 읽고 계산과 합리적 추론을 통해 자신의 주장에 설득당할 것인지 확신하지 못했다. 당시에는 태양중심설에 대한 저항이 매우 컸다. 그는 책 서문에서 그리스어로 경고한다. "기하학을 이해할 수 없는 사람은 입문하지 마시오. 솔직히 말하자면 이 책을 읽지 마시오!"

이 책을 보완하고 인쇄하는 데 한동안 시간이 지연되어 코페르니쿠스가 사망하기 얼마 전에야 출간되었다. 코페르니쿠스는 『천체의 회전에 관하여』를 당시 교황 바오로 3세에게 헌정했다. 그는 다가오는 달력 개혁을 위해 이전부터 교황청과 접촉하고 있었다.[24] 이 책으로 인해 로마에서 지구중심설을 태양중심설로 바꾸는 것에 대한 논의가 있었는지는 전혀 알려지지 않았다. 중심에 태양을 놓음으로써 코페르니쿠스는 한 해의 길이를 좀 더 정확하게 측정할 수 있었다. 이는 수십 년 후에 그레고리오력 개혁 때 참고되었다. 태양 중심 세계관은 그의 생전에도 격렬한 논쟁을 불러일으켰다. 게다가 독일에서 '교파화'(Konfessionalisierung)가 확대되면서 논쟁은 더욱 가열되었다. 자연과학적 질문 이면에는 무엇보다 종교적 · 철학적 문제 제기가 있었다. 따라서 새로 생겨난 그리스도교 교단들에서 이 문제는 다양하게 평가되고 답변되었다. '성경을 문자 그대로 받아들일 것인가? 문자 그대로 이해되지 않으면 어떻게 받아들일 것인가? 성경의 어떤 부분은 타당하고 어떤 부분은 그렇지 않은가? 아리스토텔레스가 가르친 지구중심설이 틀렸다면 그의 철학을 어떻게 평가해야 하나?'

니콜라우스 코페르니쿠스는 자신의 철학적 · 신학적 배경에 대해서는 철저하게 침묵하고 있다. 그에게 중요한 것은 프톨레마이오스 시스템의 분명한 결점을 보완하는 것이었다. 대칭과 비율이 맞아야 했고 자신의 새로운 모델은 세계의 아름다움을 다시 관철시키기 위한 것이었다.

그는 또한 피타고라스학파와 신플라톤주의 같은 고

대 철학과의 접촉으로 우주의 중심에 에너지 중심인 태양이 위치해야 한다고 보았던 것 같다. 그는 책 마지막에 이렇게 쓴다. "이 모든 것 한가운데서 태양이 다스린다. 도대체 누가 참으로 아름다운 이 성소에서 이 빛을 이곳보다 더 나은 곳에 놓기를 원하는가? 전체를 동시에 밝힐 수 있는 곳이 어디란 말인가? … 정말로 왕좌에 앉아 있는 것처럼 별 부족이 태양 주위를 돌고 있다."[25]

니콜라우스 코페르니쿠스는 행성 궤도에 대한 자신의 연구로 어떤 혁명을 일으키거나 새로운 시대를 열고자 하지 않았다. 흔히 '코페르니쿠스 혁명'이라고 언급되지만, 사실 이 말은 그와는 관계가 없다. 그에게는 하늘의 신적 질서를 더 잘 표현하고 행성의 위치를 더 잘 계산하는 것이 중요했다. 고대 그리스철학자들의 연구에 영감을 받아 그는 태양을 우주의 중심에 놓게 되었다. 그는 당시의 완벽하다고 여겨진 천체의 원운동에 머물러 있었고, 안타깝게도 행성 위치를 계산할 때 실용적인 문제와 정확성을 향상시키지는 못했다.

그가 살아 있는 동안에는 태양 중심 체계라는 관념이 신앙과 천문학을 갈라놓지는 않았다. 크로머 주교는 1581

년 프롬보르크 대성당에 그를 위해 기념비를 세웠다. 『천체의 회전에 관하여』는 갈릴레오 갈릴레이에 관한 논쟁 과정에서 1616년에 금서 목록에 올랐다. 수정되고 부가 설명이 있다면 모를까 그 책은 수학적 가설일 뿐이다.[26]

이 격변의 시대에 또 다른 천문학자로 요하네스 케플러가 있다. 그에게 신앙은 삶의 중심이며 아마도 가장 중요했을 것이다. 코페르니쿠스가 여전히 원형 궤도와 주전원周轉圓으로 행성들에 대해 풀려고 했던 것을 그는 행성들이 태양 주위를 타원 궤도로 돈다는 것으로 푸는 데 성공했다. 요하네스 케플러는 자기 연구의 종교적 동기를 독자들에게 분명하게 밝혔고, 더욱이 자신의 저작들에서 재차 우주의 창조자 하느님을 찬양하라고 독려했다.

요하네스 케플러는 어릴 때부터 천문학을 접했다. 열 살이 되기도 전, 1577년에 대혜성을 목격했고 삼 년 뒤에는 월식을 관찰했다. 그는 이전에 시토회 수도원이었으나 종교개혁 이후 개신교 학교가 된 마울브론 신학교에서 고등교육을 받았다. 그는 성적이 뛰어난 학생이었고 튀빙겐 대학교에서 철학과 신학을 공부했다. 그는 원래 성직자가 되기를 열망했다. 당시 철학 과목에는 자연학 과정도 포함되어 있었고 그의 교수 미하엘 매스틀린이 그를 천문학의 길로 인도했다. 케플러에게 태양중심설과 코페르니쿠스의 이론을 소개한 이도 매스틀린이었다.

요하네스 케플러는 처음에는 수학자로 이름이 났고 점성술사로도 인기가 많았다. 그는 그라츠의 개신교 학교에서 수학 교사가 되었다. 후에는 뛰어난 천체 관찰자 티코 브라헤와 연구하기 위해 프라하로 갔다. 브라헤는 이전의 그 어떤 연구보다 정확하게 별과 행성의 위치를 측정했다. 수십 년 후에는 망원경으로 천체의 위치를 더 정확하게 측정하는 데 성공했다. 요하네스 케플러는 자신의 계산법을 개량하고 보완하기 위해 브라헤의 정확한 행성 운동 측정법에 대해 배우고자 했다.

이때부터 그는 천문학에 전념했다. 이후 그는 프라하에서 신성로마제국의 황제이자 보헤미아의 왕인 루돌프 2세의 가톨릭 궁정에서 궁정 수학자가 되었다. 1604년에 그는 뱀주인자리에서 초신성을 관찰했다. 이는 목성과 토성의 합合을 관측하던 중 발견된 것이다. 또한 화성 궤도를 계산했다. 하늘에서 '새로운 별'을 관찰하는 것은 매우 흥미로웠다. 그때까지 사람들은 하늘은 영원불변하다고 굳게 믿고 있었다.

대회합(목성과 토성의 삼중합)은 아랍 지역 천문학자들의 저서에서도 볼 수 있듯이 무척 인상 깊은 현상이었다. 대회합이 별자리 12궁의 시작인 물고기자리/양자리에서 일어났다면 한층 강력한 경험이었을 것이다. 이러한 대회합은 하늘에서 관찰될 수 있는 '가장 큰 회합'으로, 그리스도 탄생 5~6년 전에도 있었다. 케플러는 이를 두고 예수가 탄생한 해를 추정할 수 있는 충분한 근거가 된다고 여겼다.

헤로데가 죽기 전 실제로 월식이 일어났다는 유다인 역사가 플라비우스 요세푸스의 기록도 요하네스 케플러에게 맞아떨어졌다. 그는 대회합에 대한 역사적 증거와 천문학적 지식을 바탕으로 베들레헴에 나타난 별을 물고기자리에서 일어난 목성과 토성의 회합으로 해석했다.[27]

점성술은 케플러의 주요 수입원이었지만 그는 점성술에 대해서 늘 분명하게 선을 그었다. 그의 인생에서 천문학은 "미친 딸(점성술)의 가난하고 현명한 어머니"였다.[28] 별점은 좋은 돈벌이 수단이고, 천문학 연구는 잘하면 박수를 받는 정도였다. 더욱이 그는 하늘에서 일어나는 행성과 별의 현상에 대해서 우연성을 배제했다. 그러나 그는 하느님이 하늘의 현상을 통해 지상의 인간들에게 힌트를 주려고 한다고 여겼다. 1604년과 이듬해에 일어난 천문 현상에 대한 해석을 그는 일부러 열어 둔다. 그는 마침내 황제의 예언자가 아니라 천문학자로 고용되었다![29]

요하네스 케플러에게 천문학 연구는 깊은 종교적 의미가 있다. 창조주는 천문학자들과 자연을 알고자 하는 그들의 노력을 통해 찬양받으신다. 그는 천문학자를 전지전능하신 하느님의 참사제라고 생각했고, 천문학으로 자연이라는 책을 열어서 하느님을 찬미하고자 했다.[30] 25세 때 출간한 초기 저작 『우주 구조의 신비』*Mysterium Cosmographicum* 서문에서 그는 독자들에게 행성 궤도의 암호를 풀기 위한 자신의 연구의 종교적 동인에 대해 직접적으로 언급했다. 그에게는 하느님이 창조하실 때 주신 이 세상의 조화가 중요했다. "나는 특별히 세 가지, 즉 궤도들의 수와 크기 그리고 운동에 대해 끊임없이 연구했다. 이 세 가지가 왜 그러한지, 다른 방식으로는 될 수 없는지 알고자 했다. 내가 이것에 그토록 집착한 이유는 정지해 있는 것들, 즉 태양과 항성들과 매개 공간이 성부와 성자와 성령과 놀랍도록 조화를 이루고 있기 때문이다. 정지해 있는 것들이 이렇게 조화를 이루고 있기에 움직이는 것들 또한 조화를 이루고 있음을 의심하지 않았다."[31]

'움직이는 것'은 행성과 태양 주위를 돌고 있는 것들이다. '정지해 있는 것'은 태양과 항성들이다. 이 정지해 있는 것을 요하네스 케플러는 삼위이신 창조자 하느님에 비유한다. 우주의 중심에 태양이 있는 것처럼 중심에 아버지가 있다. 성자는 우주의 바깥 경계를 형성하는 항성에 비유된다. 성령은 움직이는 것들 사이의 공간을 연결한다.

그는 하느님께서 당신의 창조의 영으로 행성의 에너지와 궤도를 설정한다고 여겼다. 그는 니콜라우스 쿠자누스의 우주의 기하학적 비례에 영향을 받았다. 케플러에게는 이 세계에서 발견할 수 있는 최고의 아름다움이 중요했다.[32] 그는 행성 궤도의 원인에 대한 견해를 쓰면서 자신의 종교적 · 미학적 논거가 모든 이를 충족하지는 않을 것이라고 밝혔다. "이 주제들에 대해서 물리학자들의 반발을 살 것이다."[33] 그는 행성의 궤도를 물리학으로가 아니라 비물질적이며 기하학적인 형태로 설명했다. 그 배경에는 "영원불변하는 이데아의 세계"에 대한 플라톤 이론 같은 그리스철학이 있었다.

수십 년 후 발표한 케플러의 저작 『신 천문학』*Astronomia nova*은 현대 천체물리학의 기초가 된다. 그는 행성이 타원 궤도로 공전한다고 확신하고 천체가 그들 궤도에 따라 운동하는 원인을 태양의 자력磁力이라고 기정사실화했다. 행성 운동을 설명하기 위해서 그에게는 껍질 궤도가 필요하지 않았다. 그는 자신의 연구에서 하느님의 창조 에너지를 보았다. 그는 이제 철학 · 기하학으로가 아니라 자연과학으로 설명하려고 했다.[34] 케플러가 정의한 행성 운동 궤도 세 가지 법칙은 현대적 의미에서 최초의 자연과학 법칙으로 인정된다. 이 법칙은 행성들의 위치를 계산할 수 있는 일반적인 법칙을 제시한다.

『우주 구조의 신비』 마지막에 그는 독자에게 이렇게 알린다. "그분이 창조하시고, 그분이 그(케플러!)에게 계시하신 이 지극히 아름다운 세계라는 작품에 대해 하느님을 찬양하라." 행성 궤도를 연구하는 목적은 "외형에서 내적 감각으로, 현상에서 내적 시각으로"[35] 나아가기 위해서다. 그리하여 독자들이 창조주를 인식하고 사랑하고 경배하게 하는 것이다. 그는 매 작품 끝머리에 이렇듯 창조주에 대한 찬양을 표현했다.

만들어진 갈릴레오 사건

신앙과 천문학을 주제로 한 저작들을 보면, 이 둘의 갈등이 중점적으로 다뤄지기 시작하는 부분이 있다. 바로 갈릴레오 갈릴레이와 현대 과학의 탄생이다. 안타깝게도, 전통이 다양하게 형성되었기 때문에 17세기 초에 일어난 일에 대해 편견 없이 바라본다는 것은 불가능하다.

천재적인 수학 교수 갈릴레오의 생애에서 가장 중요한 사건은 17세기 초에 망원경을 개량한 것이다. 그리고 그는 망원경의 초점을 밤하늘의 별에 맞추었다. 초기의 망원경들은 오늘날의 기준에 비해 작았고 광학 수준도 매우 낮았다. 그러나 사람들은 시행착오를 거쳐 당시 가장 좋은 렌즈를 찾아내 어느 정도 사용 가능한 장치를 만들어 냈다. 1609년 말에 갈릴레오는 자신의 망원경으로 관찰을 시작했다. 자신이 개량한 망원경으로 관찰한 별, 달, 목성에 관한 소논문 『별의 전령』*Sidereus Nuncius*을 1610년에 출간했다. 이는 세간에 큰 화제를 모았다. 그는 망원경의 렌즈를 크게 하여 육안으로 보던 것보다 훨씬 더 많은 별을 볼 수 있었다. 배율 또한 크게 향상되었다. 달의 분화구와 — 갈릴레오의 표현에 따르면 — 달의 바다들은 위성이 이상적인 완벽한 구 모양을 하고 있는 것이 아니라 굴곡이 심한 거친 표면임을 보여 주었다. 목성 관측은 매우 놀라웠다. 1610년 1월 7일 갈릴레오는 목성에 위성 네 개가 따라다닌다는 것을 알아냈다. 점차 그 위성들이 다양한 궤도에서 주행성 주위를 돈다는 것이 분명해졌다.

이 위대한 천문학자의 성격이 뚜렷하게 드러나는 사건이 동시대에 미텔프랑켄에서 일어난다. 갈릴레오보다 며칠 뒤 시몬 마리우스가 안스바흐 인근에서 자신의 망원경으로 목성의 위성 세 개를 관찰했다. 마리우스의 저서 『목성의 세계』*Mundus Iovialis*는 1614년에 출간되었다. 몇 년 후 갈릴레오는 마리우스가 자신을 표절했다고 주장하면서 그를 거세게 비난했다. 이에 대해 마리우스는 놀랍도록 정확한 자신의 연구를 제시했다. 그러나 이 일로 시몬 마리우스는 사실상 매장되었다. 그가 명성을 회복하기까지 거의 300년이 걸렸다. 갈릴레오가 분개한 까닭은 마리우스가 붙인 목성 위성의 이름 때문일 것이다. 갈릴레오는 자신을 후원하던 메디치가家의 이름을 따라 "메디치의 별"이라 이름 붙인 데 반해, 마리우스는 요하네스 케플러의 제안에 따라 독일 천문학자들이 명명하는 방식대로 이름을 붙인 것이다.[36] 갈릴레오 갈릴레이는 명성과 영광을 나누는 것을 허락하지 않았다.

갈릴레오는 이듬해인 1611년에 목성뿐 아니라 초승달 모양의 금성과 이상한 모양의 토성을 관찰했다. 토성의 고리를 그린 그의 그림은 손잡이가 달린 스프 그릇과 비슷하다. 당시에는 바로 이것이 그의 망원경으로 별을 보러 온 방문객들에게는 매우 인상적이었다. 갈릴레오는 자신에게 쏟아지는 호의를 이용할 줄 알았고, 곧 유명해지고 존경받는 사람이 되었다.

망원경으로 관찰한 결과 그는 코페르니쿠스 체계가 옳다고 생각했다. 당시 로마에서 갈릴레오만이 유일하게 태양중심설을 옹호한 것은 아니다. 가르멜회 사제 파올로 안토니오 포스카리니는 1615년에 세바스티아노 판토네 가르멜회 총장에게 편지를 보냈다. 편지에서 그는 우주의 중심에 태양이 있다는 것이 성경에 모순되지 않는다고 설명했다. 세바스티아노 판토네 총장은 로베르토 벨라르미노 추기경에게 조언을 구했다. 그의 부정적인 답신은 새로운 체계 추종자들에게 보내는 경고였으며, 그의 답변은 확고했다. 태양중심설 주창자들은 매우 실망했다. 유일한 양보는 사람들이 코페르니쿠스의 체계로 계산하고 가설로서 그것을 다룰 수 있다고 허락한 것이다. 벨라르미노 추기경의 경고에 갈릴레오 갈릴레이의 이름이 분명하게 포함되었다.

1616년에 가톨릭으로부터 태양중심설을 인정받으려는 갈릴레오의 시도는 실패로 돌아갔다. 오히려 상황이 악화되었다. 그는 코페르니쿠스의 우주 모형을 어떤 식으로든 가르치거나 옹호하지 않겠다고 서면으로 약속해야 했다. 갈릴레오는 교황 바오로 5세의 명령에 일단 순종했다. 앞서 언급했듯이, 이때 『천체의 회전에 관하여』가 금서 목록에 올랐다. 그런데 이는 결코 읽기 쉽지 않은 이 책이 유명해지는 데 오히려 도움이 되었다.[37]

몇 년 후 정치적 상황이 급변했다. 삼십년전쟁이 발발하여 유럽 대부분 지역이 직간접적으로 피해를 입었다. 1623년 10월에 마페오 바르베리니 추기경이 교황으로 선출되어 우르바노 8세로 불렸다. 오랫동안 두터운 친분을 유지했던 바르베리니 추기경이 교황이 되자 갈릴레오는 자신이 생각하는 우주 모형을 주창할 수 있을 거라는 희망을 품었다. 그는 혜성, 조수 간만 그리고 철학 안에서의 수학의 역할에 관한 『시금사試金師』*Il Saggiatore*를 집필했다. 여기서 오늘날 우리의 물리학은 철학 아래에서 이해된다. 따지고 보면 그는 현대 자연과학의 중요한 기초를 다음과 같이 공식화한 것이다. "자연이라는 책은 수학의 언어와 문자로 쓰여 있으며 이것을 먼저 배워야만 이해할 수 있다. 자연은 수학 언어로 쓰였고, 그것의 문자는 삼각형과 원 그리고 다른 기하학적 수치들이다. 이런 도구가 없으면 인간은 단 한 단어도 이해할 수 없다."[38] 그러나 이 때문에 교황청에 있는 적대자들과 두 번째 전선이 형성되었다. 중세 이래로 교회의 교리와 단단하게 묶여 있던 플라톤과 아리스토텔레스에 따른 자연철학의 합법성에 의문을 제기한 것이다.

그에 대한 재판이 본격적으로 진행된 계기는 9년 후인 1632년에 집필한 『두 우주 체계에 관한 대화』*Dialogo sopra i due massimi sistemi del mondo*다. 이 책에서 그는 지배적인 교리를 비하하는 태도를 보인다. 책에서는 평범한 농부가 아리스토텔레스학파 학자보다 천체의 운행에 대해 더 잘 알고 있다. 게다가 암시적이지만 분명하게 교황의 주장을 대변하는 학자가 등장하는데 그의 이름을 심플리치오 Simplicio(이탈리아어로 얼간이를 뜻하는 simpliciotto를 연상시키는 이름이다 – 역자 주)라고 붙였다. 그러니 그가 고소와 심문을 당하고 유죄판결을 받고 결국 코페르니쿠스 체계를 맹세코 부정한 것은 놀라운 일이 아니다. 가톨릭의 행동을 변명하자는 것이 결코 아니다. 고위 성직자들에게 세계의 본질이나 종교 문제는 그다지 중요하지 않았다. 재판은 형식일 뿐이었다. 본질적으로 권력의 문제가 재판의 결과를 좌우했다. 당시 세계에 미치는 영향력에 대한 교회의 분투였다. 종교나 교회답지 않은 방식이었다.

갈릴레오는 가택 연금을 선고받았고, 피렌체 인근에 있는 별장에서 여생을 보냈다. 시에나의 주교가 보호자로 임명되었다. 그는 갈릴레오의 가장 친한 친구이자 숭배자였다. 새로운 책 발간은 금지되었지만, 두 번째 주요 연구인 『새로운 두 과학에 관한 수학적 증명』이 스트라스부르에서 처음 출간되었고, 이어서 레이덴에서 출간되었다. 1642년 초 아르체트리에서 사망한 갈릴레오는 삶의 마지막 순간까지 독실한 가톨릭 신자로 남았고 교회를 떠나지 않았다.

사실 재판 과정에서 갈릴레오에게 중요한 것은 한편으로는 전통 종교와 철학 사이에서, 다른 한편으로는 새롭게 태동하는 자연과학 사이에서 중재하는 것이었다. 그러나 그런 것은 전혀 중요하지 않았고 정치만이 재판을 지배했다. 그럼에도 지식인들뿐 아니라 가톨릭 내에서도 갈릴레오와 케플러 그리고 코페르니쿠스가 계속 읽히고 연구되었다. 아이작 뉴턴은 그 후 수십 년 동안 만유인력의 수학적 개념을 통해 태양중심설의 근거를 제시하고 결론에 이르렀다. 1725년에야 제임스 브래들리에 의해 과학적 증거가 생겼다.

늦게 잡아도 18세기 중반 이후부터 태양 중심 체계가 교회에서 받아들여진 것 같다. 1787년에 크렘스뮌스터 베네딕도 수도원의 천문대 관장을 맡은 플라시두스 픽슬밀러 신부가 계산한 천왕성 궤도가 이를 보여 준다. 매일 천왕성 궤도를 계산하는 데는 상당한 정확성이 필요하므로 당대 천문학자들에게 '대단히 높이 평가'받았다.[39]

19세기 초에 과학과 신앙의 인위적인 대립이 구축되

었다. 자연과학 측에서 신앙의 대표자들과 그들의 영향력에서 벗어나고 싶었기 때문이다. 이를 위해 '갈릴레오 사건'이 이용되었는데, 여기서 갈릴레오는 교회에 의해 희생된 전설적인 자연과학자로 미화되었다.[40] 갈릴레오는 '그래도 지구는 돈다' 또는 '그러나 지구는 움직인다'라는 말을 하지 않았다. 신앙에 종속되지 않은 자연과학을 확립하기 위한 그의 주장은 특히 가톨릭에 맞서 대항하는 '문화투쟁'에 이용되었다. 당시 모더니즘과 벌인 싸움으로 인해 교회는 좋은 표적이 되었다. 선전전의 성공에 교회가 역할을 한 셈이다. 오늘날까지 '갈릴레오 사건'은 논쟁의 여지가 있다.

갈릴레오 갈릴레이는 자부심이 대단히 강한 사람이었고 명예를 중요하게 생각했다. 자신의 철학적 고찰에 대해 교회 당국의 고위 성직자 친구들에게 긍정적인 신호를 받았다. 오늘날 우리가 접근할 수 있는 기록과 사건의 전후 과정을 살펴보면 교황 우르바노 13세까지 당시 교회 고위 성직자들과 갈릴레오의 관계는 불운한 역사였다. 교회가 세속 권력으로 종교적 주장을 관철한 것은 잘못이며 결과적으로 교회에도 전혀 도움이 되지 않았다. 종교개혁으로 말미암아 북유럽에서 일어난 삼십년전쟁 동안 가톨릭은 성경의 표현에 이의를 제기하려 들지 않았다. 그들은 성경만을 규범으로 제시하는 개신교인들에 대해 가톨릭의 위상이 약화될 것을 두려워했다.

갈릴레오에 대한 교회의 판결은 교황 요한 바오로 2세에 의해 1992년에야 뒤집혔다. 이것이 아마도 '갈릴레오 사건'이 여전히 풀리지 않고 신화로 남아 있는 이유일 것이다.[41] 이런 의미에서, 나 또한 교회에 약간 자조적으로 이렇게 말할 수 있다. "그래도 지구는 돈다!"

부록

그리스도교 신앙과 천문학

우리가 앞에서 살펴보았듯이, 점성술과 천문학은 인류 역사 초기부터 있었다. 천체 관측과 하늘에서 움직이는 물체들에 대한 법칙 도출 그리고 그러한 현상들에 대한 해석은 서로 밀접하게 연결되어 있다. 점성술은 자연과학인 천문학의 하나였다. 케플러와 갈릴레오 그리고 뉴턴 이전 시대에 자연과학은 오늘날 우리가 알고 있는 것과는 다른 방법을 취하고 다르게 정의되었다는 것을 잊지 말아야 한다. 점성술은 실제로 모든 문화권에서 응용된 경험과학으로 인정받았다. 공식적 신앙은 거기에 부차적인 역할을 했다. 하늘의 별들은 분명 자신들의 법칙을 따랐다.

별들은 태양처럼 동쪽에서 솟아올라 서쪽으로 진다. 그러나 일 년 동안 태양을 향해 이동해 일 년 후에 출발점으로 다시 돌아간다. 별들은 인간을 피해 인간들 위 하늘에서 움직인다. 손에 잡히지 않기 때문에 별들이 더 강력한 힘을 얻게 된 것 같다. 태양, 달, 행성은 별하늘을 가로질러 움직인다. 천체 관측 초기에 자연을 관찰함으로써 사람들에게 이것 하나는 확실했다. '움직이는 것은 살아 있고 자기 의지가 있다.' 그러므로 하늘에서 움직이는 빛들은 살아 있으며 자기만의 의지, 목적, 계획이 있음이 분명했다. 별이나 행성이 지상에 있는 인간의 운명에 영향을 미치는지는 매우 다양하게 판단되었다. 이집트에서는 별이 인간에게 중요했지만, 메소포타미아에서는 오히려 달, 태양, 행성 같은 하늘의 움직이는 물체가 중요했다.

점성술에는 다양한 형태가 있었고 그 의미도 다양했다. 개인에게 별자리는 다른 이에게 자신을 소개하고 특징을 나타내기 위한 성격 증명서처럼 사용되었다. 고대 사람들의 탄생 별자리는 오늘날의 에스엔에스SNS 프로필과 비슷한 것이라고 할 수 있겠다. 사람들은 자신에게 일종의 '우주적' 배경을 부여했는데, 이는 개인에 대한 일종의 참고 자료였다. 그것은 사람들이 스스로를 어떻게 보는지, 다른 이들에게 자신에 대해 말하고 싶은 것을 보여주었다. 점성술은 간단한 형식으로 작동했다. 출생 점성술에서 사자자리와 연결된 목성의 영향을 받는 사람은 자기 주장이 강한 사람이다. 출생 시간이 토성의 영향권에 있으면 상업적 기질이 있는 사람이다. 반면, 군인들은 화성의 영향을 받는다고 본다. 이 모든 것이 실제로 일치하는지는 완전히 다른 문제다. 많은 이들이 점성술의 기초가 되는 그들의 출생 시간은 물론이고 그들의 생일을 알지도 못했다.

이러한 상황은 단순히 개인적인 차원은 아니었다. 통치자와 정권은 그들의 권력과 영향력을 강화하는 데 점성술을 이용했다. 로마제국에서 점성술은 국가 이념의 중요한 구성 요소였다. 율리우스 카이사르 사후 그를 기리는 축제에서 혜성이 등장하는 것은 그가 신으로 추앙받았다는 증거다. 아우구스투스 황제에게는 큰곰자리를 나타내는 모반母斑이 있었다고 전해진다. 염소자리가 그에게 얼마나 중요했는지는 그의 통치 기간에 염소자리가 새겨진 동전이 주조되었다는 것으로도 알 수 있다. 그는 염소자리의 달에 황제에 올랐고 영예로운 호칭을 얻었다. 아우구스투스 황제는 백성들이 지닌 점성술의 예언에 대한 믿음을 영리하게 이용했고, 출생 점성술을 공식화하면서 세계 제패를 약속했다.[42]

반면, 그리스도교는 점성술은 물론이고 별의 힘을 믿는 것에 비판적인 유다교의 입장을 이어받았다. 그리스도교에서 별은 신이 아니었고, 별들은 인간에게 아무런 힘도 미치지 않는다. 바오로 사도는 자신의 서간에서 예수 그리스도를 믿는 이들은 더 이상 "이 세상의 힘과 권력"의 영향을 받지 않는다고 지치지 않고 끊임없이 강조했다. 그리스도인은 오히려 세상의 영향력에서 자유로우며 아무것도 두려워하지 않는다. 아우구스티누스는 창세기 주해에서 자연과학적으로 철저하게 검토해 보아도 점성술에는 아무것도 없음을 증명한다. 출생 시간이 같은 사람을 단순히 비교만 해 봐도 그들 성격이 얼마나 다른지 알 수 있다. 별의 영향은 없다.[43] 이는 별의 위치를 간단하게 계산하는 것으로 인간의 미래를 예언하고자 하는 점성술에 대한 비판이다. 무엇보다도 '인간의 자유'가 점성술을 거부하는 그리스도교적 기준점이 된다. 바오로 사도는 그리스도인들이 예수 그리스도를 통해 세상의 모든 권력, 예속, 힘에서 벗어났다고 거듭 강조한다. 세례 받은 사람은 자유로우며, 태어나는 때나 그의 인생 자체가 별자리로 인해 결정되는 것은 결코 아니다.

그러나 유다교뿐 아니라 그리스도교에서도 점성술은 인기가 있었으며, 학계와 주교단의 공식적인 비판에도 불구하고 권력자들과 통치자들은 늘 환영했다. 불확실한 삶에서 사람들은 안내자를 찾았고 점성술은 르네상스 시대를 지나면서 자연과학의 하나로 여겨졌다.

그에 대한 예로 1186년의 행성의 대회합을 들 수 있겠다. 1186년 9월 15일 태양과 달을 포함하여 육안으로 볼 수 있는 행성들이 처녀자리 근처로 모였다. 대낮의 하늘에서 일어난 일이라 아무도 관찰할 수 없었지만 천문학자들은 그것을 계산할 정도의 충분한 지식을 갖추고 있었다. 몇 년 전부터 그리스도교뿐 아니라 이슬람 세계에까지 움직이는 천체가 만난다는 소문이 퍼졌다. 12궁도 가운데 천칭자리에서 일어난 이 현상은 모든 것을 파괴할 엄청난 폭풍으로 예언되었다. 천칭자리는 공기와 관련되었으므로 폭풍을 예상한 것이다.

그러나 행성들과 태양, 달이 합한 결과 지구에는 아무 일도 일어나지 않았다. 잘못된 예언을 믿고 전 재산을 무분별하게 숨겨 두었다가 잃어버렸거나 처분한 사람들 외에는 아무 영향도 없었다. 그 후 수백 년 동안 이러한 점성술은 더욱 확장되었다. "8년 동안 9월에 이러한 별자리 예언을 발표했지만 아무 일도 일어나지 않았다."[44] 이는 황제에게 특별한 지위를 부여하는 종말론적 분위기를 조성하기 위해서였다. 이상하게도 이러한 예언에 아무도 의구심을 품지 않았다. 아니면 당시 사람들은 오늘날 신문이 '우주에서 오는 충격적인 메시지'라며 보도했을 때와 비슷하게 '무서운 오락거리'쯤으로 이 문제를 대했을까?

오늘날 설문 조사에서도 인류의 사분의 일이 점성술을 믿는 경향이 있다고 한다. 아무리 과학적으로 살펴보아도 점성술을 믿을 만한 근거는 어디에도 없다. 그러나 바로 이 때문에 점성술과 그 이론은 과학적으로 '위조'된다. 많은 사람이 별과 행성의 위치를 해석하는 것에서 삶에 도움이 되는 해법을 원한다.

천문학에 관심이 많은 친구에게 별의 힘에 대해 물었더니 눈을 껌뻑거리며 말했다. "별의 힘, 그런 것이 있을까? 그래 분명히 있지! 밤하늘의 별을 볼 때 나는 깊은 동경에 사로잡혀. 동공이 확대되고, 손끝이 간질거리고 내 발길은 이미 망원경을 향하고 있어. 렌즈를 통해 별을 볼 때, 내 안의 소란스러운 모든 것과 불안이 가라앉지!"

4

피조물로서의 우주의 진화

세상에서 가장 아름다운 이야기

지난 수십 년 동안 천체물리학은 그들의 방식으로 우주의 진화 과정을 추적해 왔다. 해를 거듭하면서 더욱 정확하고 세밀한 방법으로 오늘날 "우주론의 표준 모델"에 대해 말할 수 있게 되었다. 이 모델은 처음에 이론에서 연역한 것임이 분명하다. 관찰을 통해 끊임없이 진화하는 우주를 시간의 경과에 따라 확인하여 이 이론이 옳다고 가정한다. 『세상에서 가장 아름다운 이야기』[45]라는 프랑스 책이 있다. 천체물리학자 위베르 리브스, 생물학자 조엘 드 로

스네, 인류학자 이브 코팡이 저널리스트 도미니크 시모네의 질문에 답한다. 우주의 기원에 대한 자연과학적 지식이 창의적이고 종합적으로 담겨 있는 책이다.

인류의 근본적인 질문에 대한 자연과학적 대답을 주고자 한다. 즉, '우리는 어디에서 왔는가? 우리는 어디로 가는가?'에 대한 것이다. 그러나 저자들은 물리학, 화학, 생물학, 수학이 중심이 된 건조한 논문에서 대답을 도출하지 않는다. 그 반대다. 도미니크 시모네는 흥미롭고 매력적인 이야기에 관한 간단한 질문으로 대담자를 자극하는 데 성공한다. '과학은 우주의 창조 역사에 관한 현대적 서사의 한 종류다! 여전히 세부 항목에 대해서는 거의 알지 못하는 매우 복잡한 연구 결과를 이해할 수 있게 설명하는 것이다.' 연구자에게는 자연 진화의 개별 단계보다 큰 틀에서 이해하는 것이 더 간단할 때가 있다. 별의 탄생이든 지구의 생명체에 대한 아직 밝혀지지 않은 단계이든, 세부 사항은 연구자들이 별이나 지구 탄생의 과정을 이해하는 데 가장 큰 어려움이 되곤 한다. 그렇지만, 혹은 바로 이런 점 때문에 이 "세상에서 가장 아름다운 이야기"는 경탄을 자아낸다.

이 책 제목은 우주 진화의 미적 차원에 대해 말하고 있다. 그러나 이 이야기는 아름다운 것 이상이다. 이 이야기의 끝에 인간이 있기 때문만은 아니다. 다른 관점에서도 세 학자들은 거듭해서 순수 자연과학의 관점을 뛰어넘는다. 예를 들면, 시간의 차원과 관련한 "기원의 기원"에 대한 대담 같은 것이다. 우주의 기원에 대해 전문적으로 탄탄하게 재구성할 때 거기에도 순수 과학의 틀을 뛰어넘는 다른 측면이 있다. 우주 진화는 전체적인 차원에서 논의되며 서로 연결되지 않은 개별적 사안에 머물러 있지 않는다. 여러 요소들이 연결되어 있고 상호 간의 관계는 거듭해서 중심으로 모인다.

결국 우주의 진화는 아름다움의 차원, 생성 과정의 경이로움, 우주의 창조력과 사건들의 다양한 관계 등을 모두 고려할 때만 설명할 수 있다. 그렇게 함으로써 진화 과정에 대한 경이로움이 우리를 더 깊은 의미의 차원으로 이끈다.

다음으로 나는 우주 진화의 천체물리학적 관점에 초점을 맞추고 싶다. 그러나 좁은 틀에 매이진 않을 것이다. 우리는 생물학적 혹은 문화적 진화에 더욱 중점을 둘 수도 있다. 그러나 그러한 방식 또한 우리를 깜짝 놀라게 할 것이다.

천체물리학자들은 앞에서 말한 우주 표준 모델, 즉 밀접하게 관련된 여러 이론을 큰 틀에 묶어 종합적으로 제시하는 모델로 우주의 탄생을 기술한다. 나에게 이는 과학의 옷을 입고 다가오는 자연과학적 설명이기도 하지만, 결과적으로는 수식과 법칙을 초월하는 것이다. 나는 빅뱅에 대한 '설명'에 깊은 감명을 받았다. 엄청난 에너지가 공급된 아주 작은 지점에서 시작되고 팽창하여 모든 시공간적 · 에너지적 · 물질적 실재가 출현했다는 것이 나에게는 무척 놀라웠다. 이유는 불분명하다. 왜 '무'가 아니라 우주가 있는가? 우주는 왜 시간이 지남에 따라 계속 더 고차원으로, 더 복잡한 형태로 변화하며 진화했고, 왜 아직도 끝나지 않는가? 사람들은 아무래도 상관없다는 듯 당연하게 받아들일 것이다. 나는 이것이 이 세상의 탄생에 있어서 근본적인 기적이라고 생각한다. 이런 일이 도대체 어떻게 일어났을까!

"인플레이션"이라고 불리는 급속한 팽창의 시기 이후, 초기의 우주 대칭(그때까지 변함없는 일치)이 깨지며 네 가지 근본적인 힘, 즉 강한 핵력, 약한 핵력, 중력, 전자기력이 나타난다. 이 힘들은 각자 고유한 힘을 지니게 된다. 또한 빅뱅 후 100만분의 1초 때 원자핵의 구성 요소가 되는 첫 기본 입자인 양성자와 중성자가 형성된다. 잠시 후 처음의 근본적인 일치가 다시 한 번 깨진다. 이번에는 물질의 수준에서 일어난다. 에너지가 물질로 변환될 때, 10억 개의 '정상' 물질입자와 반물질입자가 결합되면 '정상' 물질입자가 하나 남는다. 대부분은 삼라만상에 스며드는 광자의 형태인 에너지로 방사되어 소멸된다. 물질 우주를 형성하기 위해서, 아주 작지만 충분한 양의 물질이 남아 있다. 우주 탄생에 있어서 반물질 10억 개당 '정상' 물질이 하나 더 많다는 이 비율은 나에게 놀라움 그 자체다. 자연과학적 근거가 아마 곧 밝혀지겠지만 과학적 설명을 넘어 이는 정말 굉장한 신비다.

앞에서 언급한 네 가지 근본 힘이 분리될 때 우주의 신비로운 힘이 더욱 분명해진다. 물리학자들만 알아차릴 수 있고 더 정확하게 측정할 수 있는 자연상수의 미세한 조정이다. 신뢰할 수 있는 계산을 하려면 자연법칙이 필수적이다. 여기에 변하지 않는 상수가 사용된다. 물리적 세계가 계속 기능하려면 변해서는 안 되는 상수가 40개 정도 있다. 중력에 대한 상수, 원자핵의 핵력에 대한 상수, 전자기장을 다루는 상수 같은 것이다. 자연상수에서 아주 작은 편차가 발생한다면 우주라는 집은 그 어떤 모래성보다 빨리 그 기초부터 붕괴했을 것이다. 태초부터 자연은 우주를 존재하게 하려고 각 부분에서 매우 미세하게 조정되었다! 우주의 구체적인 형태는 정확하게 미리 정해져 있는 것과 단 한 번의 기이한 우연으로 정해졌다. 한편으로는 기본 조건이 매우 정확하게 정해져 있지만, 다른 한편으로는 모든 과정과 모든 사건이 항상 정해져 있는 것은 아니다. 그 반대다! 필수불가결하고 신뢰할 수 있고 엄격하게 적용할 수 있는 각각의 상수와 자연법칙이 있어야 하지만, 새로운 것, 변칙, 예상하지 못한 것에 대해서도 충분한 여지를 두어야 한다. 우연은 반드시 있다.

우주 형성 이론 중에 시간이 지남에 따라 계속된 진화, 이른바 핵합성에 대한 설명이 있다. 즉, 우주의 물질 원료로서 원자핵의 형성이다. 에너지에서 물질로 전환하는 동안 남겨진 물질인 양성자(수소핵)가 첫 핵융합을 일으키며 다른 원소들이 나타났다. 주로 헬륨이고 일부 리튬도 있었다. 모든 물질이 매우 농밀하게 한 덩어리를 이루고 있어서 그것들이 서로 반응할 수 있는 매우 뜨거운 단계는 그리 오래 지속되지 않았다. 만약 그 시간이 길어졌다면 최초의 수소에서 나온 모든 물질이 헬륨이나 리튬 또는 다른 요소로 융합되었을 것이다. 그런데 우주가 급속도로 팽창함에 따라 그만큼 매우 빠른 속도로 냉각되었다. 따라서 융합에 의한 새로운 원자핵 형성은 금방 멈췄다. 이 과정에서 별의 원재료인 수소와 헬륨이 만들어졌다. 그로부터 수백만 년 후에 별이 생겨났고 동시에 연료를 공급받을 수 있었다.

지금까지 설명한 과정은 자연과학의 모델에 따라 우주 탄생 후 삼 분 내 일어난 일들이다. 이때가 에너지와 창조력이 최대치에 달했을 때다. 이 몇 분에 일어난 일은 내게 큰 충격이었다. 과학이 우주에 대해 말해 주는 아주 환상적인 이야기였다!

첫 원소들이 생겨난 후, 이 물질들은 우주 플라즈마에서 빛과 결합되었다. 다시 말하자면, 원자와 빛은 처음에는 불투명했다. 처음에는 일종의 '방화벽' 같아서 망원경이 그 뒤는 볼 수 없었다. 온도가 내려감에 따라 우주가

'투명'하게 되는 데는 약 38만 년이 걸렸다. 그 전에 있었던 것들은 원리적으로 직접 관찰이 불가능하다. 이는, 천문학자들이 관찰할 수 있는 우주는 이 시점 이후의 우주라는 의미다. 우주를 관찰하는 것으로는 이 시점 이전의 우주에 관한 정보를 얻을 수 없다. 우주 공간의 모든 방향에서 관찰 가능한 이른바 우주배경복사는 우주의 첫 진화 단계를 담고 있는 화석과도 같다. 물리학자들이 그들의 우주 탄생 이론이 옳은지 확신하는 중요한 척도 중 하나다. 우주배경복사는 1960년대에 처음으로 발견되었다. 물리학자들이 이를 가정한 지 20년이 지난 후였다. 우주배경복사는 높은 정확도와 세밀한 각분해능으로 측정될 수 있었다. 우주 탄생 초기 과정에 대한 정확한 모형들이 많이 발표되었고, 이에 따라 물리학자들은 자신의 이론적 모형을 실제로 검증할 수 있게 되었다.

이 외에도, 130억 년 전의 빅뱅을 떠올려 보면 자연과학적으로 중요한 이론을 알 수 있다. 모든 부분에서 항상 같은 방식으로 자연법칙이 적용된다는 것이다. 우주 모형이 완전히 바뀐다고 해도 이 사실은 변함이 없을 것 같다.

"아기 우주"의 탄생 이후 수소와 헬륨을 원료로 한 원시별이 만들어질 수 있는 조건이 형성되었다. 이러한 과정이 정확하게 어떻게 진행되었는지 모든 단계가 알려지지는 않았다. 간단히 말하자면, 가스 구름은 자신의 중력의 영향으로 붕괴되고 점점 수축되었다. 이 구름들이 점점 더 작아지고 뜨거워졌고 어느 시점에서 핵융합이 일어났다. 별에서 일어나는 것과 동일한 형태의 에너지 생산이다. 이 때문에 우주 속 밤하늘의 아름다움을 오늘날 우리도 분명하게 볼 수 있다. 하늘을 뒤덮은 별의 아름다움에서 벗어날 수 있는 사람은 아마 없을 것이다.

원시별의 크기는 아직도 추측만 할 뿐이다. 그것은 분명 매우 거대했을 것이다. 최소한 태양의 몇백 배 이상이었을 거라고 추측한다. 별이 너무 크면 자신에게 연료를 공급하는 데 '허비'된다. 다시 말해, 천문학적으로 매우 큰 별의 수명은 너무 짧다는 뜻이다. 우리의 태양은 약 100억 년의 '기대 수명'을 갖고 있다. 큰 별의 경우 그 기대 수명은 겨우 몇백만 년에 불과하다. 또한 별은 거대한 폭발로 생을 마감한다. 그러면서 별 안에 있던 물질들을 다시 우주로 돌려준다. 수소와 헬륨 외에 베릴륨, 산소, 질소, 탄소, 철 등 새로운 원소가 방출된다.

수소와 더 무거운 원소가 융합될 때, 또는 별 중심의 내부 에너지가 생산될 때 매우 독특한 '공명'이 발생한다. 자연적으로 탄소가 급격하게 형성된다. 원래는 우선적으로 다른 요소들이 만들어져야 하고 탄소는 별 안에서 미량 원소로서만 존재해야 한다. 그러나 핵융합력과 그것의 상수에 의해 탄소 발생이 촉진된다. 탄소는 우리가 살아가는 데 필요하고 탄소 없이는 더 이상 화학적, 무엇보다 생물학적 진화가 없었을 것이다. 경이로움을 불러일으키는 놀라운 자연과학적 사실이다. 우리 우주는 탄소, 산소와 더불어 삶에 필요한 원소를 충분히 생산하도록 설계되었고, 실제로 그에 따라 진행되었다!

철로 돌아온다. 철원자의 핵에서 결합 에너지는 최대가 되고, 따라서 융합으로 인해 더 이상 철에서는 에너지를 얻을 수 없다. 별 내부에서 거듭 융합이 일어나 철에 도달했을 때 별의 핵이 폭발하거나 부서지는 이유다. 별 물질의 중력에 의해 야기된 외부에서 작용하는 압력을 중심에서 방사하는 것으로는 감당할 수 없게 된다. 일단 내부로 모여든다. 그러나 기존 물질이 더 이상 압축할 수 없으므로 모여드는 물질을 위한 공간은 매우 빠르게 없어진다. 결국 외부로 폭발한다. 이는 매우 복잡한 과정을 거친다. 거대한 폭발에 의해 철, 금, 백금, 납, 우라늄과 같은 중원소들이 생성된다. 초신성 폭발이 없었다면 금세공사들은 실업자가 되었을 것이다!

성간 공간에 존재하는 가스 구름에서 다시 새로운 별이 탄생한다. 거기에는 중요한 '별의 잔해'가 들어 있다. 이는 처음에는 수소와 헬륨보다 더 무거운 원소다. 태어나고 죽는 별의 생애가 없다면 우리 땅에는 생명체가 없을 것이다. 그렇지만 생명체가 탄생하기까지는 많은 단계를 거쳐야 한다. 에너지에서 첫 원소가 발생한 첫 물리적 진화와 더 무거운 원자핵으로의 진화가 일어난 후 다음과 같은 화학적 진화가 시작되었다. 모든 가능한 결합을 통해 첫 분자가 형성된다. 우리 은하계의 가스 구름에서 훨씬 더 복잡한 화합물이 검출될 수 있다. 아미노산 같은 산 분자와 단순한 유기화합물 같은 생명에 필요한 기본 물질을 찾을 수 있다. 화학적 진화는 생명의 필수 요소를 가능한 한 빨리 제공하기 위해 맞춰진 것처럼 보인다. 이 단계에서 또 다른 중요한 필수 원료가 만들어진다. 중력의 영향으로 물질들이 다양한 변종과 크기로 뭉쳐지고 이것들이 지구의 기본 구성 요소로 자랄 수 있었다.

은하단, 초은하단, 은하계 같은 우주의 거대한 구조가 형성될 때 어떤 물질이 포함되어 있다. 오늘날의 기준에 따르면, 물리학자들은 이 물질이 중력의 영향을 근거로 해서만 검출될 수 있다고 한다. 은하계 내부의 움직임과 은하계의 움직임에서 거대한 단계를 추론할 수 있다. 거기에는 '무언가'가 존재해야 한다는 것이다. 그것은 '차가운 암흑 물질'이라고도 불린다. 이 무언가의 성질에 대해서는 현재 추측만 할 뿐이다. 우주를 팽창 운동으로 몰아넣는 이른바 '암흑 에너지'에 대해서도 관찰만 할 수 있을 뿐 아무것도 알려진 것이 없다. '암흑 물질'과 '암흑 에너지'는 우주학자들이 앞으로 수십 년 동안 연구해야 할 가장 중요하고 혼란스러운 주제다. 오늘날 우리가 관찰할 수 있는 우주의 크기는 130억 광년이다. 우주의 나이는 137억 년으로 추정된다. 우주의 전체 크기는 500억 광년 이상일 것이다. 우리에게 우주 대부분은 상대성이론으로 설명되는 이른바 사상事象의 지평 뒤에 있다. 우리의 신체 이성으로는 그 너머를 볼 수 없다.

우리 은하계에서 훨씬 작은 규모로 일어나는 일은 이

해하기가 좀 쉽다. 우리 지구와 태양계를 예로 들어 보자. 지구는 약 50억 년 전에 태양으로 인해 탄생했다. 태양은 우리 은하계에 존재하는 수백만 개의 별 중 하나로 특별하게 크거나 작지 않은 평범한 별이다. 어떤 의미에서 지구의 궤도와 크기가 특별한 경우다. 이 궤도와 크기가 수십억 년이라는 긴 기간 동안 생명의 출현과 성장을 가능하게 하기 때문이다.

이와 더불어 더 특이한 점은 밤하늘의 동반자 달이다. 달은 매우 특별한 방식으로 지구 궤도를 안정화시킨다. 달이 없다면 지구는 태양 주위를 비틀거리며 돌 것이다. 달이 지구 궤도를 매우 안정되게 유지시켜 준다.

달은 우리 태양계의 초기 단계에서 생겨났다. 어떤 큰 물체가 아직 이글거리는 액체 상태인 지구와 충돌하여 탄생했다. 지구에서 다시 우주로 날아간 물질이 현재의 달이 되었다. 그 이후 지구와 함께 태양 주위를 여행하고 있다.

아마도 아직 어린 지구의 화산 활동 덕분에 대부분의 생명이 성장했을 가능성이 높다. 바닷속에서 화산 작용으로 인해 땅이 균열된 뜨거운 곳 가까이에서 첫 번째 유기

물질이 자가 재생 유기체 및 생물과 결합했을 것이다. 오늘날에도 생명의 성장을 직접 관찰하거나 실험실에서 재현할 때 이와 비슷한 것을 관찰할 수 있다.

생명 자체가 지구의 가장 위대한 기적이라고 나는 생각한다. 지구가 어떻게 수십억 년 동안 점액질 상태를 유지하고 그럼으로써 처음의 물리와 화학에서 생명을 필연적으로 탄생하게 했는가! 그리고 오늘날 지구상에 어떻게 이렇게 다양하고 복합적인 생물들이 존재할 수 있을까! 모든 저항을 이기고 이 일이 일어났다. 결국 이 지구 어느 구석에도 살아 있는 유기체가 없는 곳은 없다. 온 땅은 생명으로 가득 차 있다.

신앙은 우주의 진화를 놀라운 창조 이야기로 이해한다. 신앙인으로서 나는 성경의 이야기에서 하느님이 모든 것에 생명을 주기 위해 어떻게 자연법칙을 사용하셨는지를 본다. 또한 새롭고 고차원적인 생명으로의 진화는 신앙을 향해 열리게 한다. 우주의 진화에서는 정말 새로운 것이 생겨난다. 우주의 진화에는 시간의 경과에 따라 도달해야 할 목표가 주어졌다. 하느님은 그 진화에 동행하고 이를 이끄는 시작이자 완성이다.

성경의 창조 이야기

성경의 저자는 자연과학적 과정에 관심이 없다. 그보다는 인간이 반복적으로 한 경험과 그로부터 얻어 낸 지식을 묘사한다. 바로 하느님과 인간, 창조자와 피조물, 인간들 그리고 인간을 둘러싼 피조물의 관계를 묘사한다. 그들은 하느님의 본질, 인간과 자연의 본질에 대해 질문한다.

성경은 창세기에서 세상 창조에 대해 자연과학적인 사실을 우리에게 보고하려는 것이 아니다. 처음 두 장이 그 본질적인 측면을 우리에게 보여 준다. 이른바 첫 창조 보고(창세 1,1-2,3)에서 엘로힘이라 불리는 하느님은 창조의 노래로 찬양받는다. 각 절은 반복구로 끝난다. "저녁이었다, 아침이었다. …" 세상 창조는 칠 일 만에 완성되었다고 쓰여 있다. 여기서 하느님은 칠 일 만에 말씀으로 모든 것을 존재하게 하시는 창조주다. 하느님은 당신이 만든 것이 "좋았다"고 거듭 확언한다.

낙원에 관한 이야기로 더 잘 알려진 창세기 2장(창세 2,4-25)에서 하느님은 그분의 히브리 이름인 야훼로 불린다. 이 이야기에서 그분은 주관자이다. 본문 형태는 창세기 1장과는 다르다. 창조가 이루어진 칠 일에 대해 보고하거나 찬양하는 것이 아니다. 이 이야기는 인간에 대해, 이 세계에서의 인간의 위치에 대해 훨씬 더 중점을 두고 이야기한다. 인간이 지구에서 겪는 경험과 여기에서 직면한 근본적인 문제에 대해 이야기한다.

두 본문이 순전히 사실적인 측면에서 일치되지 않는다는 것이 눈에 띈다. 두 이야기는 너무 다르고 어떤 부분들에서는 모순된다. 예를 들어, 2장의 이야기에서 하느님은 처음부터 축축한 진흙땅에서 사람을 창조하신다. 반면에 1장의 창조 이야기에서 인류는 지구가 만들어질 때까지 기다렸다가 여섯째 날에 하느님의 형상에 따라 남자와 여자로 창조되었다. 그러나 이러한 모순은 성경을 편집한 사람들이 두 본문을 나란히 두지 않을 이유가 되지 않았다. 반대로, 두 본문은 하느님에 의해 어떻게 창조가 이루어졌으며, 당시 인간이 창조에 속해 있음을 깨닫고 오늘날에도 창조에 속해 있다는 것을 어떻게 깨닫는지에 관한 근본적인 진리를 알려 준다.

하느님은 당신이 '만들 수' 있는 대로 세상을 창조하신 분이다. 여기서 사용된 '창조된'이라는 동사 '바라'*barah*는 성경에서 하느님만을 위해 사용된다. 그리고 창조 세계에서 인간이 만나는 선하심에도 인간은 낙원에서 추방된 자라는 느낌을 여전히 갖고 있다. 인간은 세상의 생성과 사멸에 대해 얻은 지식으로 인해 자연과 하느님과의 일치를 잃어버렸다.

최근 수십 년 동안 성경 연구를 통해 이 두 본문의 생성에 관한 중요한 사실이 알려졌다. 창세기 1장은 2장보다 시간상으로 늦은 유다인들이 바빌론에서 망명 생활을 할 때 쓰였다. 고향을 떠나 낯선 문화에서 포로로, 노예로 살던 시기였다. 1장은 하느님의 위대하심을 노래하고자 했고, 이런 의미에서 당시 바빌론의 창조 설화와는 완전히 다르게 이해되어야 했다. 즉, 세상은 신들의 싸움이나 신들의 사고 또는 우연에 의해 창조된 것이 아니라 그 어떤 것과도 비교할 수 없는 방식인 하느님의 선의에 의해 창조되었다.

훨씬 더 오래된 본문인 2장은 인간이 스스로 인식한 세계 안에서 인간의 위치를 설명하려고 한다. 왜 모든 것이 좋지는 않은가? 왜 인간은 항상 선하지는 않은가? 왜 낙원에서 더 이상 살지 않고 얼굴에 땀을 흘려야 양식을 얻을 수 있는가? 이 낙원 추방 이야기는 다양한 동기를 통해 잘못된 길로 들어설 수 있는 인간 행동 역학을 설명한다. 피조물로서 인간은 스스로를 하느님이라 느끼고 이 오만함으로 인해 스스로 파멸한다. 인간이 하느님이 되길 원한다면 그에게는 가망이 없다.

이 두 창조 설화는 당시의 자연에 대한 지식에서 힌트를 얻었다 하더라도 과학적 증거는 아니다. 그러나 이 두 이야기는 창조와 창조의 선하심에 대한 깊은 진리를 이야기하고 있으며, 한편으로 인간의 행동과 타락으로 인한 위험에 대해서도 알려 준다. 그들은 창조 세계를 보호하고 돌보기 위해 하느님에게 창조 세계를 위임받았다.

창조 이야기는 또한 하느님의 본성에 대해, 인간이 그분과 함께하는 경험에 대해 이야기한다. 하느님은 모든 피조물 이전에, 시공간을 초월하여 계신다. 그분 외에 다른 신이나 세상의 창조자는 없다. 유일한 하느님이다. 그분은 자신이 원하는 모든 것을 할 수 있다. 그분은 자신의 강력한 말씀으로 수행하신다. 이 말씀으로 한처음의 혼란을 정돈하셨다. 하느님은 생명을 사랑하며 창조 후에 그 생명들을 그냥 내버려 두지 않는다. 오히려 그분은 자신의 피조물들과 생동하는 관계를 원하며, 피조물이 그분을 피해 숨어도 끝내 찾아내신다. 하느님은 위험에 처해 있고, 살인과 죽음의 위협을 받는 생명을 보호하며 파멸과 몰락에서 구하고자 하신다.

우주의 기원에 대한 오늘날의 표준 모델과 진화론은 사실관계를 주제로 삼고 물리적 원인과 영향에 대해 묻는 이론이다. 반면, 성경은 사물과 인간의 본질과 그들이 처한 상황을 다룬다. 하느님은 이 세상에서 벗어난 방식으로 '창조'하신다. 성경이 하느님에 대해 말하는 것처럼 할 수 있는 사람은 없다. 하느님은 자연과학적 이론의 일부가 아니며, 그분의 행위가 자연법칙을 벗어나 행해질 수 있다는 것 또한 분명하다. 그분의 행위는 가시적인 세계를 초월하며, 눈으로 볼 수 있으며 측정 가능하고 예상 가능한 모든 것 이전에 있었다. 이것이, 오늘날의 형태로 우주가 발전할 수 있었던 어떤 자연법칙이 존재한다는 가능성의 전제다. 따라서 성경은 또는 창조 설화는 하느님의 위대함과 그분 행위가 세상 창조의 근원이라는 것에 대해 이야기한다.

처음 두 장 외에도 성경에는 창조 설화에서 모티브를 얻은 본문이 수없이 많다. 노아와 하느님 사이의 계약과 방주 그리고 홍수 같은 이야기는 어휘 선택과 문장 구성까지 창조 이야기와 닮았다. 인간의 악 때문에 큰 홍수로 기존의 세상이 멸망한다. 그러나 세상은 하느님에 의해 새롭게 창조되며 그분의 위대한 은총 아래서, 인간과 하느님의 계약 아래서 다시 세워진다.

시편도 창조와 창조 안에서의 인간의 위치를 거듭 찬양한다. 시편 외에도 창조에 대한 노래는 여러 곳에서 찾아볼 수 있다. 잠언(8,22-31)은 한처음에 세상이 시작되기 전에 있었고, 하느님 앞에서 뛰놀고, 웃고, 재잘대며 춤추는 지혜에 대해 노래한다. 이 본문은 창세기 1장의 내용을 변형한 것으로 좀 더 재치 있고 독창적인 요소가 강조되어 있다. 욥기에서는 세상에 불행이 일어나는 이유와 하느님이 (특히 의인에게) 왜 이런 일을 허락하시는지 길고 격렬한 논쟁을 벌인다. 그러고 나서 창조의 위대함, 장대함, 아름다움에 대해서 길게 이어진다(욥 38-41장). 마침내 욥에게 모든 것이 명백해졌다. 그는 자신이 본 하느님의 위엄과 그분의 창조 사업에 대해 침묵한다. 그의 질문은 더할 나위 없는 최고의 대답을 받았다.

요한 복음의 머리글은 그 심오함을 알 수가 없다. "맨 처음에 말씀이 계셨다. 말씀이 하느님과 함께 계셨으니 그 말씀은 하느님이셨다." 맨 처음에 하느님이 말씀과 함께 계셨다. 만물은 말씀으로 생겨났고, 말씀 없이 생겨난 것은 아무것도 없다. 말씀 안에 생명이 있었으며 생명은 인간의 빛이었다. 말씀은 모든 인간을 깨우치는 참된 빛이었다. 참빛이 세상에 왔다(요한 1,1-14 참조). 첫 단어 "맨 처음"에서부터 창세기와 분명하게 병행한다. 히브리 성경은 첫 문장들을 의도적으로 예수 그리스도를 향해 배열했다. 예수님은 세상 창조 처음에 하느님이 하신 그 말씀이다. 예수님은 말씀이다. 하느님은 말씀으로 자신을 드러내고 말씀으로 모든 것을 창조하셨다. 그러나 본문은 더 많은 것을 말하고자 한다. 예수님은 인간의 빛이다. 다시 말하자면, 그분은 오늘날에도 인간들 곁에 있고 그들을 비춘다. 창조 그리고 하느님의 사람 되심은 "맨 처음에" 혹은 이천 년 전에 일어났고 또 끝나 버린 과거가 아니다. 이는 성령을 통한 하느님의 활동으로 오늘날에도 일어난다. 빛과 생명, 그것은 하느님이 당신 아들 예수 그리스도를 통해 인간에게 주고자 하신 것이다.

신약성경의 서간들도 하느님과 예수 그리스도를 빛

의 이미지로 받아들였다. 그리스도교 전통은 그들의 기도와 노래에서 거듭해서 이를 받아들였다. 많은 고대 본문들이 빛 자체이신 빛의 창조자에 대해 노래한다. 그 본문들은 생명이 기인하는 창조되지 않은 빛으로서의 하느님을 일깨운다. 따라서 교회는 예수 그리스도를 "빛에서 나신 빛, 참하느님에게서 나신 참하느님"(니케아 콘스탄티노플 신경)으로 고백한다.

너무 쉬운 길은 오류로 이끈다

우주의 진화에 관한 자연과학적 관점과 성경 사이의 모순은 계속 만들어진다. 두 가지 관점 혹은 경향은 다음의 주제들을 따른다. 근본주의적 무신론자들은 성경이 얼마나 틀린지 증명하고 싶어 하고, 근본주의 유신론자들은 성경을 문자 그대로 이해하고 과학적 이론이 틀렸다고 믿는다.[46] 그러나 내가 성경을 진지하게 받아들이고 저자들의 관점에서 읽고 이해한다면 이러한 해석 기준은 전혀 근거가 없다.

이른바 창조론자들이 성경을 문자 그대로 해석해 자연과학이 틀렸다고 주장한다면 그것은 신자들에게 도움은커녕 방해가 된다. 반대로, 자연과학적 결론이 특정 성경 구절에 대한 증거로 사용되는 것 또한 도움이 되지 않는다. 성경과 그 저자들이 당시의 자연에 관한 지식을 사용했고 그것을 본문에 적용했다는 것은 자명한 사실이다. 그러나 저자들의 관심은 하느님과 그분과의 관계라는 전혀 다른 방향을 향해 있다. 그러므로 당대의 자연과학적 지식으로 저자들은 당시의 오류 또한 받아들였다. 오늘날 우리도 그렇다. 시편 75편 4절이나 사무엘기 상권 2장 8절이 말하는 것처럼 세상은 기둥 위에 세워지지 않았으며, 지구도 원반이 아니다. 후대의 성경 편집자나 개인적으로 성경을 필사한 후대 사람들은 성경의 오래된 이러한 이미지들을 삭제하거나 수정할 이유가 없다고 여겼다. 그들은 성경 속의 더 깊은 의미를 이해했기 때문이다. 그들은 표면적인 표현이 아니라 더 깊은 진리를 전달하고 싶었다. 성경의 두 창조 이야기는 창조에서 드러나는 하느님의 강력한 행위, 그리고 악은 지속되지 않는다는 것에 대해 다룬다. 지구의 진짜 모양은 중요하지 않았다.

자연과학은 사물에 접근하는 방식이 다르다. 사물 또는 관계를 순수하게 사실적으로 관찰하거나 측정하거나 계산하며, 특정한 상황이나 법칙 아래에서 반응을 살핀다. 그러므로 많은 사람이 자연과학을 객관적인 것으로 경험하고 판단한다. 자연과학은 특정한 '안경'으로 대상을 관찰하거나 해석을 도출해서는 안 되며 절차나 방법은 자주 혹은 매번 같은 방식으로 반복되어야 한다. 따라서 관련성은 고려되지만 각 대상들 사이에는 어떤 관계도 없다. 그러나 관계는 유일한 주체들의 유대에서 비롯되기 때문에, 자연과학이 인간의 이러한 관계의 영역에 대해서 정확하게 말할 수 있는 것은 거의 없다. 그러므로 과학은 창조 이야기를 증명하거나 반박하는 데 적합하지 않다.

앞에서 언급했지만, 성 아우구스티누스도 이미 창세기 주해에서 믿는 이들은 성경을 지나치게 문자 그대로 해석함으로써 웃음거리가 되지 말라고 권고했다. 그렇게 하는 것은 자신에게뿐 아니라 성경의 명예와 그 저자들에게도 해를 입히는 것이다. "비신자에게 그리스도인들이 성경의 의미를 앞세우며 그러한 주제에 관해 사리에 맞지 않는 허튼소리를 하는 것은 수치스럽고 위험한 일이다. 이는 그리스도교 신자의 엄청난 무식함을 드러내어 비신자들의 비웃음과 조롱의 대상이 되므로, 우리는 어떻게든 그런 창피한 상황은 막아야 한다. 그 수치는 단지 무지한 개인이 조롱받는 것에 그치지 않으며, 믿음의 울타리 밖의 사람들로 하여금 우리의 신성한 성경 저자들 역시 그렇게 무식하다고 생각하게 한다."[47]

자연과학과 그 성과는 신자들에게 현실에 대한 이미지를 더욱 풍성하게 제시할 수 있다. 이 이미지들은 하느님의 행위를 가두어 놓은 좁은 틀을 부숴 버릴 수 있다. 과학은 많은 이들이 믿는 것보다 하느님을 더 크게 할 수 있다. 그러므로 신앙과 과학은 둘 다 우리가 이 세상을 총체적이고 포괄적으로 이해하며 살 수 있게 인간의 지식 확장을 돕는다.

성경은 진화론이나 우주 표준 모델에 사실적 정보를 전달하거나 그것들에 모순되기를 원하지 않는다. 우주 표준 모델과 진화론은 성경이 쓰였을 때는 있지도 않았고 관련도 없는 현대의 이론이다. 따라서 현대 과학이 제기하는 질문과 영역은 고려조차 되지 않았다. 오늘날 우리가 해야 할 일은 130억 살이 넘었으며 놀랍고도 매력적인 방식으로 발전한 세상에 대한 관점과 이 세상의 창조주인 하느님에 대한 신앙을 연결하는 것이다. 특히 진화론은 신앙의 관점에서 '계속되는 창조'(creatio continua)와 연결될 수 있다. 창조는 끊임없이 진보한다. 그 창조 안에서 창조주가 현존하고 활동하기 때문이다. 창조 행위가 신자들에게 위협적으로 표현되었다면, 오늘날의 우주론을 통해서 신자들은 창조 행위를 더욱 깊고 다채롭게 이해하게 된다. 특히 자연과학 지식은 우리가 하느님의 행동과 가능성에 대해 미처 생각할 수 없는 것을 우리에게 가르쳐 준다. 하느님의 인간적 이미지 때문에 우리는 하느님을 너무 작게 생각하곤 한다. 자연과학과 그 지식은 하느님에 대해 더 큰 상상력을 발휘하고 그것을 믿고 받아들이라고 계속 등을 떠민다.

어떤 경우에는 신앙에서 비롯된 신념에 맞서기 위해 과학 이론이 오용되기도 한다. 진화론과 관련하여 인종주의, 나은 인간을 만들겠다는 인간 유전자 개량 이론 또는 사회적 배제(사회진화론)가 반복적으로 일어난다. 이러한 이론들로 사람들은 과학 지식을 사회 영역으로 옮기려 한다. 자칭 과학적 연구는 특정 인간 집단이 하등하다는 결론을 유도한다. 그러나 과학은 윤리적 문제를 처리할 수 없기에 적합하지 않다. 여기서 진화론은 아주 넓은 의미에서 훨씬 더 오용되고 있다. 과학으로 인간을 비도덕적으로 대하는 것을 정당화한다.

진화론은 또한 신이 존재하지 않는다는 것을 증명하기 위해 사용된다. 이 이론에서 역사의 시작에 있는 창조주의 자리는 없다. 따라서 창조주는 없는 것으로 여겨진다. 자기 의견을 유리하게 제시하기 위해, 믿음에 대한 일방적이고 축소된 인식을 의도적으로 받아들인다. 흑백논리에서 반대편은 빠르게 반박되고 자신의 관점만이 분명하고 유일하게 유효한 것으로 입증된다. 이런 식으로 진화론을 사용하는 사람들은 성경의 관점이나 생각하는 방식에 대해서는 전혀 관심이 없다. 성경과 진화론은 서로 다른 차원에서 말하고 있으므로 이 둘이 모순되지 않는다는 것을 이해하려고 하지 않는다. 신자들을 비방하고 또한 믿음에 의해 그들이 현혹되었음을 증명하는 것이 중요하다. 이러한 신앙을 거부하는 방식은 근본주의 종교인이라 자처하는 사람들의 방식과 비슷한 특징이 있다. 그들은 이러한 거부 방식에 목숨을 걸고 다른 모든 관점을 거부하며 오류로 판정한다. 종교가 사람들에게 이 세상에 관해 알려 줄 수 있는 풍요로움을 그들은 알아채지 못한다. 그들에게 이 풍요로움은 무시되고 치유되어야 할 바이러스 같은 것이다.

근본주의는 과학뿐 아니라 신앙에도 해를 끼친다. 과학과 신앙의 관점 둘 다 우리 일상생활의 일부다. 그러나 근본주의는 진리에 대한 전체적인 시각을 방해하고, 인간에게 하나의 통로를 통해서 일면적으로 보라고 강요한다. 현실이 얼마나 넓고 깊고 다채로운지를 무시한다. 더 나아가면 이러한 다양성을 위태롭게 할 뿐 아니라 성공할 경우 완전히 박멸한다.

5

천문학과 신앙, 둘 다 필요하다

천문학의 한계

천문학은 모든 자연과학처럼 자연의 상태와 활동을 관찰하고 측정하며 그에 대한 분석으로 시작한다. 그 방법은 가능한 한 객관적이어야 한다. 관계나 개인적 성향은 어떤 역할도 해서는 안 되며 기본적으로 배제되어야 한다. 실험 결과는 재현 가능해야 하며 연구자 개인과는 무관해야 한다. 일련의 실험 목표는 규칙성을 발견하는 것이다. 자연에서 이뤄지는 과정이 계산 가능하고 경우에 따라서 사람이 사용할 수 있기 위해서다. 도출된 규칙과 법칙은 입증될 수 있어야 한다.

이는 우선 자연과학이 스스로를 증명할 수 있는 것처럼 들린다. 그러나 좀 더 주의 깊게 생각해 보면 이는 옳지 않다. 자연법칙은 오류가 밝혀지기 전까지 옳은 것이다. 달리 말해 보면 언제라도 입증할 수 있는 자연과학 법칙은 없다는 뜻이다. 자연법칙은 모든 시간과 모든 상황에서 입증될 수 없을 뿐 아니라 자연법칙이 적용되지 않는 반증이나 예외를 통해 '반론이 제기'되고 또한 반박된다.

더욱이 자연과학적 연구 없이는 이룰 수 없는 또 다른 근본적인 신뢰라는 것도 있다. 천문학도 마찬가지다. 알베르트 아인슈타인은 이 문장을 자주 인용했다. "우주에 관해 정말로 이해할 수 없는 일은 이 우주를 이해할 수 있다는 것이다."[48] 이 문장은 「물리학과 실재」(1936년)라는 아인슈타인의 논문에서 유래했다. 이 논문에서 그는, 우리 인간은 경험할 수 있는 감각 경험에서 일반적 개념을 도출하고 그것들 사이의 관계를 유추해 낼 수 있다는 놀라운 사실을 설명한다.[49]

임마누엘 칸트의 해석에 따르면 감각적 인상의 결합과 일반적 개념의 종합은 "직관적으로만 이해할 수 있는 것이지 과학적이고 논리적으로 확정하는 것은 거의 불가하다".[50] 그러므로 자연과학의 중요한 논거 중 하나는 그 자체에서 철회된다. 특히 이러한 질문이 제기된다. "천문학이 도대체 작동하는 이유는 무엇인가?" 우리가 측정하고 그로부터 도출된 개념과 법칙을 신뢰할 수 있다는 가정과 일반적인 경험이 있다. 자연과학은 경험에 기초하고 그로부터 도출된 논리 체계로는 스스로를 증명할 수 없다. 실험과 그로부터 도출된 이론의 일관된 연관성에 대한 신뢰가 필요하다.

인간이 우리를 둘러싼 우주를 감각으로 느끼고, 관측하고 구체적으로 측정하여 추상적인 개념과 수학적 관계를 도출해 내는 것은 정말로 놀랍고 늘 경이롭다. 따라서 과거를 계산할 수 있을 뿐 아니라 특정 조건 속에서 미래를 예측하는 것 또한 가능하다. 이것이 최근 수세기 동안의 자연과학이 승승장구한 근본적인 원인이다. 그러나 여기서 자연과학적 방법은 전능하며, 과학이 미래의 문제를 해결할 것이라는 은밀한 믿음이 비롯되기도 한다. 자연과학만이 유일하게 구원을 준다는 지나친 믿음은 사이비 종교와 다르지 않다.

아주 인상적인 경험을 한 적이 있다. 1980년대 초에 나는 처음으로 행성 위치를 계산하는 컴퓨터 프로그램을 만들었고 내가 한 관찰을 토대로 결과를 확인할 수 있었다. 수학 공식을 개별 프로그램으로 변환하는 데 시간이 걸리지만, 문헌에서 궤도 요소를 정하고 이러한 요소를 오류 없이 입력하면 내가 만든 프로그램이 몇 초 만에 특정 시간의 행성들의 위치를 출력한다. 목성 같은 실제 천체를 볼 수 있을 뿐 아니라 내 계산에 따라 진짜로 돌고 있다는 것은 정말 매력적이었다! 계산된 좌표를 따라 하늘을 올려다보면 진짜 거기에 있었다. 어떻게 그것이 가능했을까? 놀라웠다. 지금도 놀랍다. 지구상의 이 작은 인간이 거대 가스 행성의 움직임을 계산할 수 있다니!

그러나 자연에 경탄하는 것으로 그치지 않았다. 천문학은 내 경험을 논리적 영역과 인식 가능한 영역으로, 또한 추상적인 개념으로 확장시켰다. 자연의 아름다움, 각 부분과 영역의 상호작용, 자연의 위대함과 다양성이 더해졌다. 밤하늘을 볼 때마다 나의 감각이 깨어 있음을 느낄 때 놀라지 않을 수 없다. 자연은 내게 놀라움, 매력, 신비로 가득 차 있다.

나를 둘러싼 자연과 무엇보다 나와 친밀한 관계를 맺은 살아 있는 모든 것들은 내가 계산할 수 있는 것보다 훨씬 대단하다. 우리가 인간이라는 종으로서 지구와 동시대 사람들에게 책임이 있다는 것을 이해하는 것은 쉽지 않다. 우리는 지구의 일부일 뿐이며 지구를 마음대로 다룰 수 없기 때문이다. 자연과학만으로는 이를 가르칠 수 없다. 과학은 가치를 평가하지 않으며 무엇보다 창조에 대한 의미와 그 결과의 상관관계에 대해 어떤 것도 말하지 않는다. 자연과학이 우리에게 다음과 같이 말할 수는 있다. 북반구의 인간들은 행성을 서너 개쯤 창고에 예비품으로 두고 있는 것처럼 지구를 다루고 있다. 그러나 우리는 윤리적 판단을 내리고 행동할 때, 우리 스스로 배우거나 순수한 과학적 지식에서 여러 아이디어를 참조해야 한다. 여기서 우리는 자연과학적 방법론의 명확한 한계에 부딪힌다. 우리 인간은 무엇보다 신앙이 우리에게 줄 수 있는 훨씬 더 큰 맥락에서 언급된다.

신앙의 한계

천문학은 우주에 대해 많은 것을 알려 준다. 천문학은 우주가 어떻게 만들어졌는지, 시간이 지나면서 어떻게 변했는지 그리고 그 미래는 어떨지 알려 준다. 자연과학은 우주 속 자연의 타고난 질서를 보여 준다. 더 나아가 인간인 우리에게 창조의 온전한 아름다움을 알려 준다. 우리는 놀라움으로 가득 찬 밤하늘을 눈으로 직접 보거나 특별한 기술을 사용하여 별하늘을 관찰할 수 있다.

여기서 객관적으로 작동되는 자연과학적 천문학과 우리가 하느님으로 알고 있는 창조주에 대한 믿음 사이에 연결 고리가 생겨난다. 자동적으로 우리 마음에 떠오르고 인간존재의 태초부터 제기된 우리 세계와 우리 자신에 대한 매우 오래된 질문이 있다. '누가 또는 무엇이 지금의 세계를 만들었나? 어떤 것은 왜 있고, 없는 것은 왜 없는가? 빅뱅의 시작에 무엇이 또는 누가 있었는가? 그 전에는 무엇이었나?' 이 모든 것은 자연과학적인 질문이 아니라 우리와 떼어 놓을 수 없는 인간 삶의 의미와 목적에 관한 질문이다. 우리는 이러한 질문을 무시하거나 떨쳐 버릴 수 없다. 이런 질문들은 결국에 위기 상황이 닥쳤을 때, 질병이나 죽음에 직면했을 때 끊임없이 머릿속에서 떠오른다.

자연과학은 나의 신앙에 의문을 제기한다. 창조가

하느님의 '행위'라면, 생물학이 생명의 진화에 대해 보고할 때 창조주에 대해 무엇을 말하는가? 성경에서 직접 찾지 못하며, 또한 그 안에서 찾을 수도 없는 대답이 필요하다. 카를 라너에 따르면, 하느님은 자신의 피조물에 자기 초월(자기 개발, 자기 극복)의 가능성을 심어 주셨다. 다시 말하면, 창조주 자신이 새로운 것을 창조하고 만들 뿐 아니라 자신의 피조물에도 이 능력을 부여하셨다.[51] 스스로 진화하는 우주에 대한 자연과학적 이론은 신앙에 통합될 뿐 아니라 신앙을 본질적으로 더욱 깊게 한다.

앞에서 보았듯이, 알베르트 아인슈타인은 "우주에 대해 영원히 이해할 수 없는 것은 … 우주에 대해 이해할 수 있다는 것"라고 했다. 이와 관련하여, 니콜라우스 쿠자누스는 알베르투스 마그누스의 저작에 대한 주해에서 주목할 만한 논평을 했다. "이해할 수 없는 하느님의 어떤 것도 그분의 불가해성으로 이해될 수 없다."[52] 하느님에 대해 우리 인간이 이해할 수 있는 유일한 것이 바로 그분의 불가해함이다. 우리 인간이 이해할 수 없는 하느님의 반대편에 있는 것은 그분 안에서 하나로 합쳐진다.

니콜라우스 쿠자누스는 합리적이고 수학적으로 생

각하는 사람이었다. 그는 자연과학이 아니라 철학적 · 신학적으로 숙고하여 우주의 중심에 지구가 있지 않다고 여겼다. 지구는 태양을 중심으로 거의 원형 궤도로 움직인다. 코페르니쿠스가 이러한 생각을 하기 백 년 전이다! 니콜라우스에게 태양은 하늘에서 볼 수 있는 많은 별 중 하나였다. 그러나 태양은 모든 것과 서로 연결되어 있었다. 우주는 질서 있는 단일체로 형성되었기 때문이다. 그의 관점에서 우주는 경계가 없고 무한대로 커진다. 위대한 철학자와 신학자에게 모순은 짝을 이루고 있었고, 그들은 우리 인간이 근본적으로 이해할 수 없는 일치를 오로지 하느님 안에서 찾았다. 인간은 신앙과 날카로운 이성의 도움을 받아 "초월성의 어둠" 안으로 들어갔으며, 이해할 수 있는 우주와 이해할 수 없는 하느님이 함께 이루고 있는 긴장이 이어졌다.[53] 오로지 과학적인 관점으로는 신앙의 이러한 부분에 접근할 수 없다. 하느님의 불가해함에 대한 니콜라우스 쿠자누스의 언어유희는 우주의 이해 가능함에 대한 아인슈타인의 말을 반영하는 것 같다.

이것이 신앙과 자연과학의 좁힐 수 없는 차이처럼 들린다. 신앙은 풀 수 없는 신비에 대해 다루지만, 우리는 신비를 점점 더 깊이 경험하고 체득할 수 있다. 신앙은 부분으로 나뉠 수 없는 깊은 관계를 다룬다. 반대로 천문학에서는 퍼즐을 풀고 지식을 축적하고, 상수를 계산하고 결과를 도출하는 것이 중요하다. 그러나 살아 있는 관계는 상대를 필요로 하고 원한다. 살아 있는 관계가 부분으로 나뉘고 계산되고 설명되고 그리하여 객관적인 결과로 제시된다면, 그 관계는 죽은 것이고 더 이상은 없는 것이다.

더 나아가서 천문학은 내게, 초기 그리스도인과 달리 우리는 하나님의 위대하심을 헤아리기에는 전혀 우주적으로, '가톨릭적'(*katholikos*: 전체적)으로 생각하고 믿을 수 없다는 것을 가르친다. 천문학이 경외감을 통해 나를 가르친다! 이 거대한 우주를 감싸 안은 창조주 하나님은 얼마나 무한히 강할 것인가! 우주는 500억 광년 이상 크고, 물리적으로 우리가 관찰할 수 있는 우주는 '고작' 130억 광년 크기다. 내 마음대로 재단할 수 있는 하나님이 아니다. 인간의 상상력에 맞출 수 있고 내가 기도한다고 조작할 수 있는 하나님이 아니다. 성경에서 우리 가까이에 계시고 경험할 수 있는 분으로 드러났기 때문에 그분은 더 크신 분이다. 사람 되심에서, 예수 그리스도를 통해 그분은 우리에게 자신의 얼굴을 보여 주신다. 그분은 창조의 거대함 안에 머무르실 뿐 아니라 작은 것, 미소한 존재 안에서도 거하신다.

콜로새 신자들에게 보낸 서간은 이와 관련하여 예수 그리스도에 대해 몇 구절로 요약해 말한다. "그분은 보이지 않는 하느님의 모상이시며 모든 조물의 맏이시로다. 과연 하늘과 땅 위에 있는 만물은 그분 안에서 창조되었도다"(1,15-16).[54] 콜로새서는 예수님이 모든 피조물의 가장 깊은 내적 중심이며 근원이라고 말한다. 그리스도교 창조신학의 중심이자 핵심은 삼위일체 하느님이다. 성부, 성자, 성령은 피조물의 창조자이시다. 예수 그리스도 안에서 하느님은 사람이 되셨다. 아주 작은 존재가 되었고, 어린아이가 되었고, 죽을 운명에 처한 인간이 되었다. 예수님은 우리에게 하느님이 자신의 피조물을 얼마나 사랑하시는지 보여 준다. 그분은 피조물 곁에 계시면서 피조물을 떠나지 않았다. 예수님 자신이 십자가에서 경험한 것처럼 하느님에게 가장 크게 버림받은 경험 속에서도 우리 곁에 계셨다. 성경에 따르면 창조의 목표는 창조의 시작점이다. 바로 하느님의 사랑 그 자체다.

6

시작과 미래

창조의 시작과 관련해서뿐 아니라 그 미래를 숙고할 때도 천문학과 신앙은 연결되어 있다. 스티븐 호킹은 『위대한 설계』에서 이렇게 확언한다. “오늘날 물리학만이 수천 년 동안 철학 (그리고 신학)이 답을 줄 수 없었던 문제를 풀 수 있다.”[55] 그러나 수학과 물리학이 철학을 대체할 것이라는 그의 약속은 이루어지지 않을 것이라고 나는 생각한다. 자연과학 법칙은 아직 우주의 탄생을 증명하지 못했다. 자연과학 법칙들은 우리가 관찰할 수 있는 우주의 일부분이다. 그것들은 그 안에서 일어나고 있는 과정을 설명한다. 이것이 물리학과 천문학이 할 수 있는 모든 것이며, 그리고 이것은 아주 대단한 일이다!

반대로, 신자들은 성경을 내밀면서 천문학자에게 우주에 존재 가능한 모든 것이 어떻게 생겨났는지 가르칠 수 없다. 창조론자들의 계산에 따라 지구 나이는 만 년이 넘지 않는다고 말한다면, 그것은 완전히 허튼소리이며 신앙을 우스갯거리로 만들 뿐이다. 천문학이나 신앙이나 각자의 방식으로 서로를 규정하지 않도록 주의해야 한다. 대화하고, 대화 속에서 서로 경청할 때만 인간은 어느 한 영역에서는 얻을 수 없는 것들을 양쪽 영역에서 배우게 된다.

신앙이 제기하는 창조의 시작과 목적에 대한 질문은 천문학이 제기하는 우주의 시작과 미래에 대한 질문과 완전히 다른 문제다. 이 둘은 전혀 다른 영역에서 우리가 어디에서 왔고 어디로 가는지 같은 인간의 근원적인 질문에 대해 다룬다. 신앙은 하느님께 질문한다. 인간과 모든 피조물에 대한 그분의 역할과 행위를 묻는다. 천문학은 관찰 가능한 우주가 시간이 지남에 따라 어떻게 진화했는지, 그 성질이 어떻게 변화했는지 그 조건과 법칙에 대해 묻는다. '그 전'과 '그 후' 또는 '예외'에 대해서 천문학은 합리적인 답을 제시할 수 없다. 이런 것들에 대해 자연과학적으로 완전하게 증명할 수 없기 때문이다.

지구 종말에 대한 몇 가지 교리는 천문학의 현재 지식 수준을 토대로 그 종말의 모습이 논의되어야 할 것 같다. 다시 말하자면, 오늘날의 자연과학적 연구를 근거로 종말 때의 모습을 다르게 그려야 하지 않을까? 성경은 종말의 모습을 지진, 화산 폭발, 어둠 그리고 유성우로 그린다. 이는 오늘날에도 아주 인상적인 이미지이며 공상과학 영화에서도 많이 등장한다. 그렇다면 이는 간단하게 무시해 버릴 수 없는, 인간에게 깊이 뿌리박힌 이미지다. 그러나 과학 중심으로 각인된 세계관에서는 관찰할 수 있는 현상만 기술할 뿐이다.

신앙에서는 인간 각자가 하느님과 맺고 있는 개인적 관계에 중점을 두는 것이 더 중요할 것이다. 우리가 우주적 재앙으로 죽든지, 개인적 죽음을 맞이하든지, 우리 인간에게는 결국 같은 것이기 때문이다. 신앙은 무엇보다 삶의 끔찍한 끝에 대해서가 아니라 죽음 이후 하느님과의 미래에 관한 것이다. 단순히 나의 개인적 구원에 관한 것만이 아니라 전체 피조물의 생명에 관한 것이다.

오늘날 우리 인간과 창조 세계가 단절되는 것을 보면서 가장 큰 위협을 느낀다. 우리와 환경 모두 큰 위험에 처해 있다. 하느님과 이웃과의 단절된 관계를 극복하는 것이 지구에 함께 살고 있는 사람들이 처한 현재의 위태로운 상황에서 우리가 해야 할 임무다. 천문학에서 배웠듯이 지구 탄생은 당연한 것이 아니었다. 오히려 아주 낮은 확률에서 탄생했고 그래서 참으로 소중하다. 지구의 생명이 비교할 수 없는 힘을 지닌 자연과학으로 인해 우리 인간에게 맡겨졌다. 우리 삶이 지구상의 모든 피조물의 삶과 조화를 이루고, 우리 이익을 위해 피조물을 일방적으로 다루지 않는 것이 우리가 맡은 책임을 올바르게 행사하는 것이다.

신앙에서 창조의 출발점과 목표는 하느님의 사랑이다. 창조의 충만함으로 창조주는 수억만 개의 별로 은하를 만들었을 뿐 아니라 자신의 우주에 생명을 주기로 계획하셨다. 생명이 탄생하는 곳에는 필연성을 깨 버리는 엄청나게 강한 창조력이 있다. 그러므로 모든 살아 있는 각 존재의 탄생뿐 아니라 탄생한 모든 것들의 관계 맺는 능력 또한 놀라운 것이다. 자연과학은, 특히 나에게 천문학은 우리 세계에 접근하는 본질적인 방법이다. 신앙과 과학의 상호작용으로 우리 인간은 도달할 수 없을 것 같았던 곳까지 넓고 깊게 보게 되었다. 하나의 관점으로는 볼 수 없었을 세계다. 이 둘에 대한 지식은 극단을 피하고 현실을 균형 있고 심도 있게 볼 수 있도록 도와준다.

나에게는 천문학과 신앙이 맞물려 움직인다. 천문학은, 더 많이 관찰하고 싶고 하느님이 만드신 자연의 법칙을 해독하고 싶은 신앙에서 자극을 받았다. 천문학은 신앙이 참으로 '가톨릭적'이 될 것을 요구한다. 모든 것을 포용하는 믿음을 지니게 하고, 우주를 통해 하느님의 헤아릴 수 없는 위대함을 알게 한다. 그러므로 신앙과 과학은 자연의 불가사의와 하느님의 신비에 대해 더 깊고 더 많이 알도록 이끈다.

✳주✳

1 José Lull, Das altägyptische Sternbild Meschetiu, in: *Sterne und Weltraum* (Mai 2007) 46.

2 같은 곳.

3 Paul Kunitzsch, Ptolemäus und die Astronomie: der "Almagest", in: *Zeitschrift der Bayerischen Akademie der Wissenschaften* (Ausgabe 03/2013) 18-23.

4 Gottfried Strohmaier, Ptolemäus und sein Weg nach Europa, in: *Sterne und Weltraum* (Juli 2015) 42-50.

5 백성을 위한 하느님의 행동은 이사 13,1-14,23 등에 설명되어 있다.

6 이에 대해서는 루카 21,25-28을 참조하라. "이런 일들이 일어나기 시작하거든 허리를 펴고 여러분의 머리를 드시오. 여러분의 속량이 다가왔기 때문입니다"(루카 21,28).

7 Matthias Albani, Artikel "Sterne/Sternbilder/Sterndeutung", http:// www.bibelwissenschaft.de/stichwort/30478/ 참조.

8 요한은 마지막 환시에서 예수님이 직접 하신 말씀을 듣는다. "나는 다윗의 뿌리요 그 자손이며 빛나는 샛별이다"(묵시 22,16).

9 *Benediktinisches Antiphonale*, Bd. I (Münsterschwarzach: Vier-Türme-Verlag 2002).

10 *Benediktinisches Antiphonale*, Bd. I, 480.

11 베네딕도 『수도 규칙』 이형우 옮김 (교부 문헌 총서 5, 분도출판사 1991) 47,1.

12 같은 책 8장. (당시에는 일출과 일몰 시간을 기점으로 하여 낮시간과 밤시간을 구분하고, 이를 각각 12등분하여 한 시간으로 정했다. 계절에 따라 밤의 길이와 낮의 길이가 다르므로 한 시간의 길이도 달라진다. 제8시는 밤 길이와 낮 길이가 같은 춘분과 추분의 경우에 지금의 새벽 2시를 뜻한다 – 역자 주)

13 같은 책 16장.

14 Rudolf Eckstein, Franziskus Büll OSB und Dieter Hörning, Die Ostung mittelalterlicher Klosterkirchen des Benediktiner- und Zisterzienserordens, in: *Studien und Mitteilungen zur Geschichte des Benediktinerordens* Bd. 106, Heft 1, (1995) 48-60 참조.

15 토마스 아퀴나스 『대이교도대전 II』 박승찬 역주 (분도출판사 2015) 3장 참조.

16 Martianus Capella, *Die Hochzeit der Philologia mit Merkur(De nuptiis Philologiae et Mercurii),* (Würzburg: Königshausen & Neumann 2005) 271 이하 참조.

17 Gottfried Strohmaier, Ptolemäus und sein Weg nach Europa, in: *Sterne und Weltraum* (Juli 2015) 42-50 참조.

18 Martianus Capella, *Die Hochzeit der Philologia mit Merkur(De nuptiis Philologiae et Mercurii),* (Würzburg: Königshausen & Neumann 2005) 286.

19 Guy Consolmagno, Brother Astronomer: Adventures of a Vatican Scientist (Mc Graw Hill 2000) 108 이하.

20 Aurelius Augustinus, Über den Wortlaut der Genesis, I. Band, Kapitel 19, 39. (Schöningh, Paderborn 1961) 32.

21 Christoph Däppen, *Die vergessene Kalenderreform des Nikolaus von*

Kues (Books on Demand 2006) 참조.

22 Fr. Juan Casanovas, Astronomy, Calenders and Religion, 38-41, in: *The Heavens Proclaim, Astronomy and the Vatican*, edited by Guy Consolmagno SJ (Vatican Observatory 2009) 참조.

23 Hans Schmauch, "Nikolaus Kopernikus" in: *Neue Deutsche Biographie* 3 (1957), 348-355: http://www.deutsche-biographie.de/pnd118565273.html 참조.

24 William Shea, *Spektrum der Wissenschaft: Biografie: Nikolaus Kopernikus, Der Begründer des modernen Weltbildes* (Weinheim 2003) 참조.

25 같은 책 58.

26 오벤 깅거리히Owen Gingerich의 연구에 따르면, 수정 작업은 거의 실행되지 않았다. 현재까지 남아 있는 『천체의 회전에 관하여』의 초판본 400부 중 33부만 부록이 수록되어 있다. Harry Nussbaum, *Revolution am Himmel, Wie die kopernikanische Wende die Astronomie veränderte* (VDF Hochschulverlag AG an der ETH, Zürich 2011) 176 참조.

27 Johannes Kepler, *De Jesu Christi Servatoris nostri vero anno natalitio* (1606).

28 Johannes Kepler, *De Stella nova serpentarii*, Kapitel XII (1606).

29 같은 책 Epilog, Kapitel XXX.

30 Johannes Kepler an Herwart von Hohenburg, 26. März 1598 in: Jürgen Hübner, *Die Theologie Johannes Keplers zwischen Orthodoxie und Naturwissenschaft*, [J.C.B. Mohr (Paul Siebeck), Tübingen 1975] 166, 6: "사실 저는 천문학자들이 가장 높으신 하느님의 사제들이라고 생각하기 때문에 …"(Ego vero sic censeo, cum Astronomi, sacerdotes dei altissimi ex parte libri Naturae simus …).

31 Johannes Kepler, *Mysterium Cosmographicum, Das Weltgeheimnis*,

Max Caspar의 번역과 서문 (Augsburg, 1923) 20.

32 같은 책 47.

33 같은 책 64.

34 Harry Nussbaum, *Revolution am Himmel, Wie die kopernikanische Wende die Astronomie veränderte* (VDF Hochschulverlag AG an der ETH, Zürich 2011) 127 이하.

35 Kepler, *Mysterium Cosmographicum*, 164.

36 Pierre Leich, Die Marius-Renaissance, in: *Sterne und Weltraum* (November 2014) 44-53 참조.

37 Nussbaum, *Revolution am Himmel*, 172-179.

38 Ernst Peter Fischer, *Gott und die anderen Großen, Wahrheit und Geheimnis in der Wissenschaft* (Verlag KOMPLETT-MEDIA GmbH, München 2013) 32에서 재인용; 34-38도 참조하라.

39 Sternwarte Kremsmünster 홈페이지 참조: http://www.specula.at/adv/fi xlm_ak.htm

40 Ernst Peter Fischer, *Gott und die anderen Großen, Wahrheit und Geheimnis in der Wissenschaft* (Verlag KOMPLETT-MEDIA GmbH, München 2013) 35-37.

41 George Coyne, Galileo and his times: some episodes. In: *The Heavens Proclaim, Astronomy and the Vatican*, edited by Guy Consolmagno SJ (Vatican Observatory 2009) 44-51.

42 *Welt und Umwelt der Bibel, Die Ordung der Sterne* (WUB 4/2014) 37 참조.

43 Aurelius Augustinus, *Über den Wortlaut der Genesis; Buch I bis VI.* (Schöningh, Paderborn 1961) Zweites Buch, Siebzehntes Kapitel, 69 이하 참조.

44 Dorothea Weltecke, Die Konjunktion der Planeten im September 1186, Zum Ursprung einer globalen Katastrophenangst. In:

Saeculum, Jahrbuch für Universalgeschichte 54 (2003) 2. 197.

45 Hubert Reeves, Joel de Rosnay, Yves Coppens: Die schönste Geschichte der Welt (Bastei Lübbe, 2000).

46 *Welt und Unwelt der Bibel: Bibel kontra Naturwissenschaft? Die Schöpfung* (Heft 2/2016).

47 Aurelius Augustinus, *Über den Wortlaut der Genesis; Buch I bis VI* (Schöningh, Paderborn 1961) Buch I, Neunzehntes Kapitel, 33.

48 Ilia Delio, *The Emergent Christ, Exploring the Meaning of Catholic in an Evolutionary Universe* (Orbis Books, Maryknoll, New York 2012^{4})에서 재인용.

49 *Journal of The Franklin Institute*, Vol. 221 (March, 1936) No.3, 313-339.

50 같은 책 316.

51 Karl Rahner, Die Christologie innerhalb einer evolutiven Weltanschauung. In: *Sämtliche Werke*. Bd. 26. Grundkurs des Glaubens. (Freiburg-Basel-Wien 1999) 174-196 참조.

52 Ingrid Craemer-Ruegenberg, Albertus Magnus, Reihe Dominikanische Quellen 7 (St. Benno Verlag, Leipzig 2005) 182에 인용된 니콜라우스 쿠자누스의 말: “Nihil in Deo incomprehensibili potest comprehendi nisi incomprehensibilitas.”

53 같은 책 183.

54 *Benediktinisches Antiphonale* I, 600 이하.

55 Stephen Hawking & Leonard Mlodinow, *Der Große Entwurf, Eine neue Erklärung des Universums* (Rohwolt Taschenbuch, 2013^{2}) 11 이하 참조.